Regional Impact Innovation in Österreich

Carina Margreiter-Otieno •
Tanja Spennlingwimmer

Regional Impact Innovation in Österreich

Nachhaltige Entwicklung durch Startups und Social Entrepreneurship

Springer Gabler

Carina Margreiter-Otieno
Wildschönau, Österreich

Tanja Spennlingwimmer
Wien, Österreich

ISBN 978-3-658-45681-8   ISBN 978-3-658-45682-5 (eBook)
https://doi.org/10.1007/978-3-658-45682-5

Die Deutsche Nationalbibliothek verzeichnet diese Publikation in der Deutschen Nationalbibliografie; detaillierte bibliografische Daten sind im Internet über https://portal.dnb.de abrufbar.

Planung/Lektorat: Vera Treitschke
Springer Gabler ist ein Imprint der eingetragenen Gesellschaft Springer Fachmedien Wiesbaden GmbH und ist ein Teil von Springer Nature.
Die Anschrift der Gesellschaft ist: Abraham-Lincoln-Str. 46, 65189 Wiesbaden, Germany

Vorwort

Die Motivation für dieses Buch, „Regional Impact Innovation in Österreich", entstand aus dem wahrgenommenen Bedarf, die Innovationslandschaft Österreichs im Kontext von Impact-orientierten Startups und Social Entrepreneurship umfassend zu analysieren und darzustellen. Ziel ist es, die zentrale Rolle von Impact Innovation hervorzuheben, die durch die Förderung von Unternehmertum, das auf soziale und ökologische Ziele ausgerichtet ist, nachhaltige Entwicklung voranzutreiben.

Dieses Buch richtet sich an Unternehmer*innen, Investor*innen, Entscheidungsträger*innen und alle, die sich für die Förderung von Social Entrepreneurship und nachhaltiger Innovation interessieren. Es soll als praxisnaher Leitfaden dienen, der theoretische Grundlagen, Best Practices und konkrete Fallbeispiele vereint, um die Umsetzung von Impact Innovation zu unterstützen.

Unsere Intention hinter diesem Werk ist es, den Leser*innen Werkzeuge und Methoden an die Hand zu geben, mit denen sie den sozialen und ökologischen Impact ihrer Projekte messen, managen und maximieren können. Dabei möchten wir insbesondere auf die Bedeutung und Anwendung von Impact-Messmethoden hinweisen, die für die langfristige und nachhaltige Entwicklung von Startups unerlässlich sind.

Hinter dem Begriff „Impact Innovation" verbirgt sich die Idee, dass Innovation nicht nur wirtschaftlichen, sondern auch sozialen und ökologischen Nutzen bringen sollte. Es geht darum, Lösungen zu entwickeln, die zur Erreichung der Sustainable Development Goals (SDGs) beitragen und einen messbaren positiven Effekt auf die Gesellschaft haben.

Die Schlüsselkonzepte und Definitionen von „Impact Innovation" sowie Best Practices, wurden von beiden Autorinnen gemeinsam erarbeitet. Während Tanja Spennlingwimmer mehr Augenmerk auf die gesamthafte Innovations- und Startup-Landschaft in Österreich legte, fokussierte sich Carina Margreiter-Otieno auf den Schwerpunkt Impact Innovation.

An dieser Stelle muss auch ein Dank an die vielen engagierten Unternehmer*innen ausgesprochen werden, die täglich ihr Bestes geben und dabei auch einen positiven gesellschaftlichen Mehrwert schaffen. Dieses Buch sollte nicht nur wertvolle Einblicke und praktische Anregungen bieten, sondern auch Unternehmer*innen und Investor*innen inspirieren, die Prinzipien der Impact Innovation in eigenen Projekten und Vorhaben zu integrieren.

Abschließend möchten wir als Autorinnen auch die Gelegenheit ergreifen und unseren Familien und Freund*innen sowie Gleichgesinnten im Ökosystem für ihre Unterstützung zu danken.

Wildschönau, Österreich   Carina Margreiter-Otieno
Wien, Österreich   Tanja Spennlingwimmer
Juli 2024

Inhaltsverzeichnis

Über die Autoren

Dr. S.C. Carina Margreiter-Otieno, MSc. ist eine ausgewiesene Expertin im Bereich Impact und berät Unternehmen bei der nachhaltigen und strategischen Erfassung und dem Management ihres Impacts. Zuvor leitete sie die Abteilung Entrepreneurship bei der Förderbank des Bundes, der Austria Wirtschaftsservice GmbH, und verfasste ihre Doktorarbeit zum Thema „Messung von Social Impact in Startups". Die gebürtige Tirolerin absolvierte ihr Studium des strategischen Managements an der Universität Innsbruck und sammelte wertvolle internationale Erfahrungen, unter anderem am University Accelerator SkyDeck der UC Berkeley in Kalifornien.

Dr. Tanja Spennlingwimmer, MBA, MA, LLM ist Geschäftsfeldleiterin für Entrepreneurship, Deep Technologies und Innovationsschutz bei der Förderbank des Bundes, der Austria Wirtschaftsservice GmbH. Zuvor war sie für die Standortagentur des Landes Oberösterreich sowie für die international agierenden Unternehmen Kapsch TrafficCom und Kappa Filter Systems tätig. Sie lehrt nebenbei an der Fachhochschule für Global Sales Management und an der Universität Wien für Regionalentwicklung. Ihre Studien und Weiterbildungen absolvierte sie im In- und Ausland unter anderem auch an der Harvard Business School mit Fokus auf Financial Management.

Abkürzungsverzeichnis

AWS	Austria Wirtschaftsservice GmbH
BCR	Benefit Cost Ratio
EFRE	Europäischer Fonds für regionale Entwicklung
EIC	European Innovation Council
ERR	Economic Rate of Return
ESF	Europäischer Sozialfonds
ESIF	Europäischer Struktur- und Investitionsfonds
FFG	Forschungsförderungsgesellschaft
GIIN	Global Impact Investing Network
GRI	Global Reporting Initiative
GIIRS	Global Impact Investing Rating System
IFRS	International Financial Reporting Standards
IMM	Impact Measurement & Management
IOOI	Input-Output-Outcome-Impact
IRIS	Impact Reporting and Investment Standards
KI	Künstliche Intelligenz
KMU	Kleine und Mittlere Unternehmen
KPIs	Key Performance Indicators
LLM	Master of Laws
MA	Master of Arts
MBA	Master of Business Administration
MVP	Minimal Viable Product
ROI	Return on Investment

SDGs	Sustainable Development Goals
SE	Social Entrepreneurship
SROI	Social Return on Investment
SRS	Social Reporting Standard
ToC	Theory of Change
UC	University of California
UN	United Nations
UNDP	United Nations Development Programme
VC	Venture Capital
WKO	Wirtschaftskammer Österreich

Abbildungsverzeichnis

Tabellenverzeichnis

Einleitung und Definitionen

1

Zusammenfassung

Kap. 1 dient als Einführung in die Schlüsselkonzepte und -definitionen, die für eine umfassende Betrachtung von „Impact Innovation" unerlässlich sind. Es beginnt mit der Klärung und Differenzierung der Begriffe „Impact" und „Innovation". Im Anschluss daran beleuchtet das Kapitel die speziellen Charakteristika von Startups und Entrepreneurship, indem es die transformative Rolle dieser oft jungen und agilen Unternehmen unterstreicht. Weiterführend wird das Prinzip der Nachhaltigkeit erörtert, insbesondere im Licht der Sustainable Development Goals (SDGs) der Vereinten Nationen, die einen global anerkannten Leitfaden für messbaren sozialen und ökologischen Fortschritt bieten. Der Abschnitt über Social Entrepreneurship vertieft das Verständnis für Unternehmensformen, die explizit darauf abzielen, mittels innovativer Ansätze drängende soziale und ökologische Herausforderungen zu adressieren.

1.1 Impact

„Impact ist die Währung der Zukunft." (Thomas Steiner, Phineo)

In den vergangenen Jahren ist der Begriff „Impact", der oft mit „Wirkung" übersetzt wird, zu einem gängigen Begriff im Sprachgebrauch von Investierenden, Förderstellen und insbesondere in der Startup-Szene geworden. Meist bezieht sich

C. Margreiter-Otieno, T. Spennlingwimmer, *Regional Impact Innovation in Österreich*, https://doi.org/10.1007/978-3-658-45682-5_1

dies auf den positiven gesellschaftlichen Mehrwert, auch bekannt als „Social Impact". Es ist wichtig, diese Spezifizierung vorzunehmen, da auch ein negativer Impact gegeben sein kann. Die Definition von Social Impact variiert je nach Fachgebiet, Forschungsinteresse, Disziplin und Kontext in der akademischen Welt. In verschiedenen literarischen Werken wurde Social Impact bereits unter unterschiedlichen Begriffen konzeptualisiert und diskutiert, wie beispielsweise „Social Value", „Social Value Creation", „Social Performance", „Social Returns", „Social Return on Investment (SROI)" und „Social Accounting". Diese Termini sind zwar ähnlich, können jedoch je nach Kontext variieren (Rawhouser et al. 2019, S. 83 f.; Milotay 2017, S. 3).

Im Bereich der internationalen Entwicklung wird Impact oft definiert als „bedeutende oder langfristige Veränderungen im Leben von Menschen aufgrund bestimmter Maßnahmen oder einer Reihe von Maßnahmen" (Roche 1999, S. 21 ff.). Der Begriff Impact wird oft auch mit den „Ergebnissen" in Verbindung gebracht, die darauf abzielen, die „Grundursachen" eines sozialen Problems anzugehen. Andere wiederum verwenden den Begriff Impact spezifischer, um die konkrete und messbare Rolle einer Organisation bei der Beeinflussung eines sozialen Ergebnisses zu beschreiben (Ebrahim und Kasturi Rangan 2014, S. 120).

Im Allgemeinen bezieht sich der Begriff Social Impact auf die Wirkung oder den Einfluss einer bestimmten Aktivität, eines Projekts, eines Unternehmens oder einer Organisation auf die Gesellschaft und das Wohl der Menschen. Es geht um positive Veränderungen, die erreicht werden, um soziale Probleme zu lösen oder zu lindern, das Gemeinwohl zu fördern und das Leben der Menschen zu verbessern (Portales 2019, S. 163 f.; Kap. 3).

Social Impact kann in verschiedenen Bereichen und Sektoren auftreten, wie beispielsweise in Unternehmen, gemeinnützigen Organisationen oder staatlichen Initiativen (Serafeim 2020; Achleitner 2023). Das Ziel besteht darin, soziale Verantwortung zu übernehmen und einen spürbaren Unterschied in der Gesellschaft herbeizuführen, durch Engagement für das gesellschaftliche Gemeinwohl (Portales 2019, S. 163 f.; Stephan et al. 2016, S. 1252 ff.). Dabei wird zwischen Ergebnissen und Wirkungen unterschieden. Erstere beziehen sich auf dauerhafte Veränderungen im Leben des Einzelnen, während letztere dauerhafte Ergebnisse auf gesellschaftlicher Ebene hervorrufen (Ebrahim und Kasturi Rangan 2014, S. 120), wie in Abb. 1.1 verdeutlicht wird.

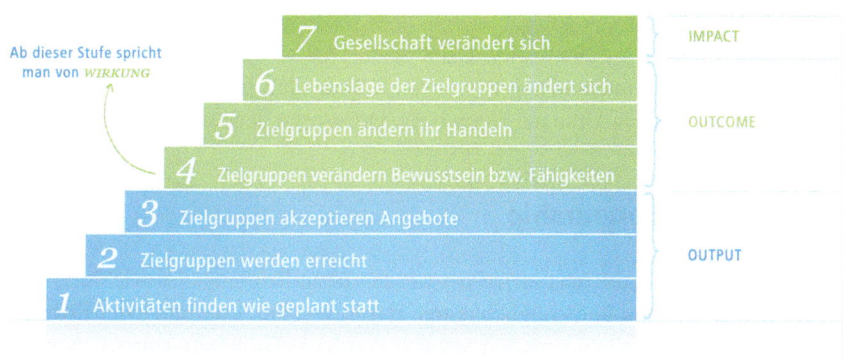

Abb. 1.1 Wirkungstreppe. (Kurz und Kubek 2021, S. 5)

1.2   Innovation

Innovation wird als der Prozess definiert, durch den neue Ideen, Methoden oder Produkte eingeführt werden, die signifikante Verbesserungen gegenüber dem Bestehenden repräsentieren. Innovation ist ein zentraler Aspekt der wirtschaftlichen Entwicklung, gekennzeichnet durch die „kreative Zerstörung", bei der neue Innovationen alte Technologien ersetzen. Dies umfasst die Entwicklung von neuen Technologien, Dienstleistungen oder Geschäftsmodellen, die darauf abzielen, die Effizienz zu steigern, die Lebensqualität zu verbessern oder auf andere Weise positiven Einfluss zu nehmen (Schumpeter 2003, S. 5).

Die wissenschaftliche Literatur klassifiziert Innovation oft in verschiedene Typen, einschließlich:

- Produktinnovation, die Entwicklung und Einführung neuer Produkte oder signifikanter Verbesserungen bestehender Produkte.
- Prozessinnovation, die Verbesserung von Produktions- oder Lieferverfahren, um Effizienz, Qualität oder Kostenstrukturen zu optimieren.
- Geschäftsmodellinnovation, die Veränderung der Art und Weise, wie ein Unternehmen Wert schafft und erfasst.
- Soziale Innovation, die Entwicklung neuer Strategien, Konzepte, Ideen und Organisationen, um soziale Bedürfnisse auf innovative Weise zu adressieren.

Diese Kategorisierung spiegelt sich in dem „Oslo Manual: Guidelines for Collecting and Interpreting Innovation Data" wider, die von der OECD und Eurostat herausgegeben wird und einen umfassenden Rahmen für die Messung von Innovationen und deren Auswirkungen bietet (OECD/Eurostat 2005).

1.3 Entrepreneurship

Entrepreneurship bezeichnet den Prozess der Identifizierung, Entwicklung und Realisierung von Geschäftsmöglichkeiten. Es umfasst die Schaffung oder Erweiterung von wirtschaftlichen Unternehmungen durch die Gründung neuer Unternehmen oder die Einführung von Innovationen innerhalb bestehender Organisationen (Corporate Entrepreneurship). Der Kern von Entrepreneurship liegt in der Initiative, Risiken einzugehen, um Werte zu schaffen, indem neue Produkte, Dienstleistungen, Geschäftsmodelle oder Märkte entwickelt und umgesetzt werden.

Laut Joseph A. Schumpeter ist ein Entrepreneur jemand, der wirtschaftlichen Wandel mittels der Durchführung neuer Kombinationen herbeiführt, was als „kreative Zerstörung" bekannt ist und oft mit der Einführung neuer Technologien oder Geschäftsmodelle verbunden ist (Schumpeter 2003, S. 5). Dieser Prozess ist zentral für das wirtschaftliche Wachstum und die Entwicklung, da er bestehende Strukturen und Märkte herausfordert und zur Schaffung neuer Industrien und Möglichkeiten führt.

Howard Stevenson, ein Professor an der Harvard Business School, definiert Entrepreneurship als „den Prozess der Verfolgung von Gelegenheiten ohne Rücksicht auf die derzeit kontrollierten Ressourcen". Diese Definition hebt die zentrale Rolle der Chancenerkennung und -nutzung hervor, unabhängig von den bestehenden Einschränkungen (Gartner und Baker 2010, S. 23).

1.4 Startups

Wie bei den Begriffen „Social Entrepreneurship" und „Social Impact" gibt es auch für den Begriff „Startup" keine einheitliche Definition in der Fachliteratur. Im Allgemeinen wird ein Startup jedoch als ein junges Unternehmen angesehen (in der Regel weniger als 10 Jahre alt), das darauf abzielt, innovative Produkte oder Dienstleistungen anzubieten und ein beträchtliches Wachstumspotenzial anstrebt.

Einige Eigenschaften, die häufig mit Startups assoziiert werden, sind (Leitner et al. 2023, S. 6; Kollmann et al. 2021, S. 10; Olschewski 2015, S. 14 f.):

- **Neuheit und Innovation:** Startups zeichnen sich durch innovative, kreative Ideen, Dienstleistungen, Produkte oder Technologien aus, die sich von bereits existierenden Angeboten auf dem Markt unterscheiden. Sie haben das Potenzial, bestehende Branchen zu verändern oder komplett neue Wirtschaftszweige zu erschaffen.
- **Fokus auf Wachstum:** Startups streben danach, schnell zu expandieren und ihr Geschäft voranzutreiben. Ihr Ziel ist es, ein beachtliches Marktpotenzial zu erschließen und in kurzer Zeit bedeutende Umsatz- und/oder Kund*innenzuwächse zu verzeichnen. Gleichzeitig streben sie oft auch ein starkes Mitarbeiter*innenwachstum an.
- **Skalierbarkeit:** Startups verfolgen Geschäftsmodelle, die skalierbar sind. Sie können ihre Produkte oder Dienstleistungen meist mit minimalen zusätzlichen Kosten und Ressourcen auf einen größeren Markt ausdehnen.
- **Risikobereitschaft:** In der Regel sind Startups bereit, hohe Risiken einzugehen, da sie in einem unsicheren und dynamischen Umfeld operieren. Sie können finanzielle, technologische oder geschäftliche Risiken eingehen, um ihr Wachstum und ihre Innovation voranzutreiben.
- **Finanzierung:** Startups sind in den allermeisten Fällen darauf angewiesen, externes (Risiko-)Kapital zur Finanzierung ihres Wachstums einzusammeln. Dies kann in Form von Investments von Risikokapitalgeber*innen, wie Business Angels, Venture Capitalists (VCs) oder staatlichen Förderprogrammen erfolgen.

Nicht jedes junge oder neu gegründete Unternehmen wird automatisch als Startup bezeichnet. Ein Unternehmen, das begrenzte Wachstumsaussichten hat oder bereits über ein etabliertes und bewährtes Geschäftsmodell verfügt, wird normalerweise nicht als Startup bezeichnet (Kollmann et al. 2021, S. 10). Die überwiegende Anzahl an Neugründungen von Unternehmen fällt nicht in die Kategorie „Startup". Eine entsprechende Abgrenzung zeigt Tab. 1.1.

Startups spielen eine bedeutende Rolle bei der Entwicklung von Innovationen. Durch ihre innovativen und teilweise auch bahnbrechenden Ideen fordern sie oft etablierte Branchen heraus. Zusätzlich setzen sie bestehende Unternehmen unter Druck, was zu einer Steigerung der Produktivität und des Wohlstands führt. Frühphasige Startups sind auch für das langfristige Wirtschaftswachstum entscheidend, da sie viele Arbeitsplätze schaffen (Dee et al. 2015, S. 4). So liegt die durchschnittliche Mitarbeiter*innenzahl von Startups in Österreich bei 12,3 und hat sich im Vergleich zum Vorjahr, wo sie noch bei 11,7 lag, leicht erhöht. Insgesamt zählt der Startup-Sektor in Österreich etwa 30.000 Angestellte (Leitner et al. 2024, S. 8).

Tab. 1.1 Unterschiede zwischen Startups und traditionellen Unternehmen. (Eigene Darstellung basierend auf Blank 2013, S. 69; Weiblen und Chesbrough 2015, S. 66 ff.)

	Traditionelles Unternehmen	Startup
Gründung	Neugründung oder bereits etabliert und operativ	Neu gegründet und am Anfang der Geschäftstätigkeit Jünger als 10 Jahre
Unternehmensgröße	Kann klein bis groß sein	Am Anfang klein, aber mit enormem Wachstumspotenzial
Geschäftsmodell	Umsetzung eines bestehenden Geschäftsmodells Etabliert und bereits bewährt	Innovativ und möglicherweise disruptiv für ganze Branchen Geschäftsmodell muss erst gefunden werden Hypothesen gesteuert Iterative Produktentwicklung
Wachstum	Stetiges Wachstum und Gewinnmaximierung	Schnelles und signifikantes Wachstum
Risikobereitschaft	Geringe Risikobereitschaft Fokus auf Stabilität Risiko oft bereits bei Gründung bekannt	Höhere Risikobereitschaft Fokus auf Innovation & Wachstum
Finanzierung	Eigenkapital, Bankkredite, Gewinne	Externe Finanzierung, z. B. private Investor*innen, VC-Fonds
Skalierbarkeit	Kann begrenzt skalierbar sein, z. B. durch Personaleinsatz	Ziel der Skalierung für schnelles Wachstum
Entscheidungsprozesse	In der Regel hierarchisch und bürokratisch organisiert Etablierte Strukturen Begrenzte Flexibilität	Flexibel und agil, schnellere Entscheidungen Wenige bis keine Strukturen
Arbeitskultur	Stärker formalisiert und traditionell	Dynamisch, innovativ und risikobereit
Personalstruktur	Hierarchisch organisiert, klare Rollen und Abteilungen	Flache Hierarchie, multidisziplinäres Team

Ein wesentlicher Unterschied zwischen Startups und traditionellen Unternehmen liegt in folgender Definition: Ein Startup wird als „eine vorübergehende Organisation definiert, die nach einem wiederholbaren und skalierbaren Geschäftsmodell sucht" (Blank 2013, S. 67). Während etablierte Unternehmen bereits ein funktionierendes Geschäftsmodell haben, befinden sich Startups noch auf der Suche nach einem Modell, das für ihr Unternehmen geeignet ist. Die Gründer*innen beginnen damit, ihre Geschäftsideen in Geschäftsmodellhypothesen umzuwandeln, um ein „Minimal Viable Product" zu entwickeln, welches das Interesse der Kund*innen bestätigt. Wenn das Feedback der Kund*innen zeigt, dass die Hypothese nicht zutrifft, kann das Startup eine neue Hypothese aufstellen oder die bestehende überarbeiten. Erst wenn das Modell erfolgreich ist, beginnt das Unternehmen mit dem Aufbau einer formellen Struktur in seiner Anfangsphase. Es ist durchaus üblich für ein Startup mehrere Misserfolge zu erleben, bevor es den richtigen Ansatz findet (Blank 2013, S. 68; Ries 2014, S. 22 ff.).

Eine alternative Beschreibung von Startups definiert sie auch als „menschliche Organisationen", die darauf abzielen, unter unsicheren Umständen neue Produkte oder Dienstleistungen einzuführen. Ihr Ziel ist es dabei, innovative Ideen auf den Markt zu bringen (Ries 2014, S. 31; Radojevich-Kelley und Hoffman 2012, S. 54).

Die Definition eines Social Impact Startups kann folgendermaßen lauten: Ein Social Impact Startup ist ein junges (oder neues) Unternehmen, das speziell darauf abzielt, gesellschaftliche Probleme durch Innovation zu mildern oder zu lösen, um positive Veränderungen in der Gesellschaft herbeizuführen. Es vereint unternehmerische Prinzipien mit einem klaren gesellschaftlichen Ziel, um einen nachhaltigen und messbaren sozialen Einfluss zu erreichen. Im Gegensatz zu einem klassischen Startup liegt der Fokus eines Social Impact Startups nicht auf dem reinen Streben nach Gewinnmaximierung, sondern auf der Schaffung von gesellschaftlichem Mehrwert *und* finanzieller Rentabilität. Dabei werden neuartige und skalierbare Geschäftsmodelle angewendet, um einen möglichst großen positiven Einfluss zu erzielen.

Die Messung des sozialen Einflusses und die Berichterstattung darüber sind ebenso wichtige Kennzeichen eines Social Impact Startups. Es strebt danach, seine Leistungen sowie den erreichten sozialen Wandel transparent darzulegen und den Stakeholder*innen Rechenschaft abzulegen.

1.5   Nachhaltigkeit und SDGs

Weder die OECD noch die Europäische Union legen sich auf eine Definition zur Nachhaltigkeit fest. Die EU hat im Rahmen ihrer Nachhaltigkeitsstrategie (EU-SDS) jedoch Ziele definiert, die zu einer kontinuierlichen Verbesserung der Lebensqualität der heute lebenden und der künftigen Generationen beitragen sollen (Bundesministerium für Klimaschutz, Umwelt, Energie, Mobilität, Innovation und Technologie). Des Weiteren wurden Maßnahmen im Rahmen einer EU-Klimataxonomie-Verordnung festgelegt, Investitionen in nachhaltige Wirtschafts-

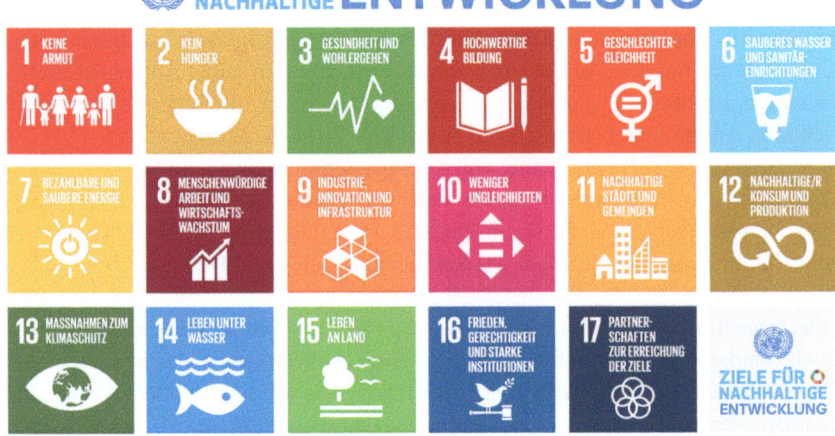

Abb. 1.2 Sustainable Development Goals. (United Nations. The content of this publication has not been approved by the United Nations and does not reflect the views of the United Nations or its officials or Member States)

tätigkeiten zu unterstützen (Europäische Kommission). Eine passende Definition stammt von Gusenbauer, der Nachhaltigkeit als eine „Umverteilungsforderung von Ressourcen, Lebenschancen und Lebensqualität" beschreibt (Gusenbauer 2002, S. 246). Der Begriff wird nicht nur auf ökologische Aspekte reduziert, sondern umfasst auch wirtschaftliche und soziale (Glavic und Lukman 2007, S. 1875 ff.; Peters und Schweiger 2011, S. 40; Perlaviciute und Steg 2012, S. 109). „Lebensqualität hat in Zukunft viel mit Reduktion auf das Wesentliche zu tun (Reiter 2010, S. 63)." Daher wird eine nachhaltige Lebensweise oftmals auch mit Einschränkung oder Suffizienz in Verbindung gebracht (Pufé 2021, S. 43).

Die Sustainable Development Goals (SDGs), siehe Abb. 1.2, der Vereinten Nationen und die Definition von Nachhaltigkeit im Kontext von Entrepreneurship sind eng miteinander verknüpft, da beide Konzepte auf die Schaffung langfristiger ökologischer, sozialer und ökonomischer Werte abzielen. Entrepreneurship, das Nachhaltigkeitsprinzipien berücksichtigt, kann direkt zu mehreren SDGs beitragen, darunter „Beendigung der Armut" (Ziel 1), „Sauberes Wasser und Sanitäreinrichtungen" (Ziel 6), „Bezahlbare und Saubere Energie" (Ziel 7), und „Verantwortungsvoller Konsum und Produktion" (Ziel 12), indem es innovative Lösungen und Geschäftsmodelle entwickelt, die Ressourceneffizienz, soziale Inklusion und ökologische

Nachhaltigkeit fördern. Dieser Ansatz reflektiert die wachsende Anerkennung der Rolle, die Unternehmen und Unternehmer*innen beim Vorantreiben der Agenda für nachhaltige Entwicklung spielen, indem sie neue Technologien und Methoden einführen, die die Grundlagen für eine nachhaltige Zukunft legen. Durch die Integration der SDGs in die unternehmerische Strategie wird nicht nur die Erreichung dieser Ziele unterstützt, sondern auch die langfristige Wettbewerbsfähigkeit und Resilienz der Unternehmen gefördert, was die essenzielle Verbindung zwischen Nachhaltigkeit und Entrepreneurship unterstreicht (Bundeskanzleramt).

1.6   Social Entrepreneurship

Die Begriffe „Social Impact Startup" und „Social Entrepreneurship" sind eng miteinander verbunden. Sie zielen beide auf die Lösung sozialer, ökologischer und/oder gesellschaftlicher Probleme ab, unterscheiden sich aber in ihrem Ansatz und ihrer Struktur.

Social Entrepreneurship bezieht sich dabei auf die Praxis, Unternehmen zu gründen und zu leiten, die in erster Linie danach streben, soziale Probleme zu lösen und positive gesellschaftliche Veränderungen herbeizuführen, unabhängig davon, ob sie neu gegründet werden oder innerhalb bestehender Strukturen arbeiten. Im Gegensatz zu rein profitorientierten Unternehmen, besteht dabei die Absicht, sowohl soziale als auch wirtschaftliche Werte zu schaffen (Monteiro et al. 2022, S. 1004).

Jenseits dieser Grundlage zum Begriff „Social Entrepreneurship" hat die Hinzunahme weiterer Eigenschaften oder Unterscheidungen zu begrifflichen Unklarheiten geführt. Dies betrifft insbesondere die Wahl der Organisationsformen (Einzelpersonen, Teams oder Organisationen): Ob sie auf gemeinnützige Organisationen (non-profit, for-profit oder eine Mischung aus beiden) beschränkt oder auch für gewinnorientierte Unternehmen mit einer deutlichen sozialen Mission offen sein sollten, sowie die Bedeutung der sozialen Dimension in ihrer strategischen Ausrichtung. Zusätzlich wird die begriffliche Unschärfe durch die Ko-Existenz verschiedener theoretischer Ansätze verstärkt (Monteiro et al. 2022, S. 1004).

Neben den verschiedenen Definitionen und Perspektiven zu Social Entrepreneurship, wie oben bereits ausgeführt, umfasst es im Allgemeinen die in Abb. 1.3 dargestellten Merkmale (Saebi et al. 2019, S. 72).

Social Entrepreneurs werden von einer klaren sozialen Mission motiviert. Ihr Hauptziel besteht darin, soziale Probleme zu lindern oder zu lösen und das Gemeinwohl zu verbessern. Social Impact steht dabei im Zentrum ihrer unternehmerischen Bemühungen. Sie suchen nach innovativen Ansätzen und Lösungen

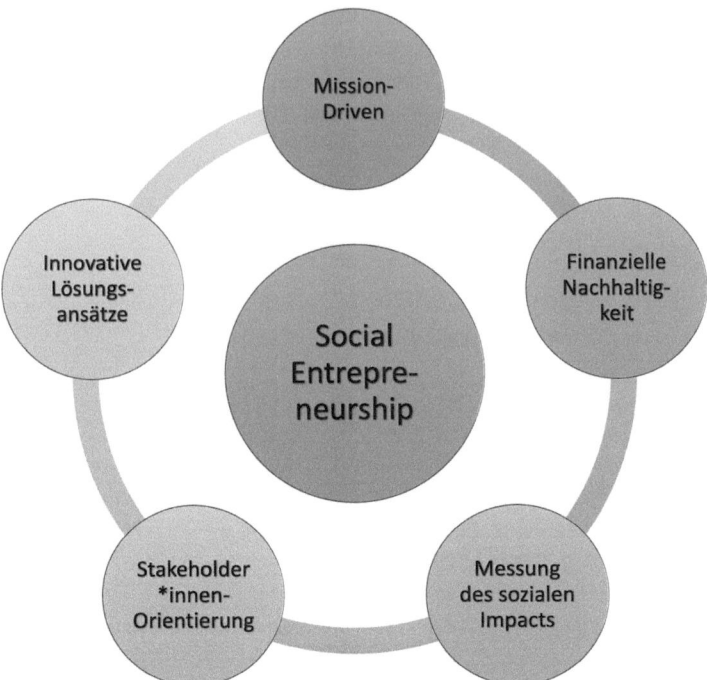

Abb. 1.3 Merkmale/Definition von Social Entrepreneurship. (Eigene Darstellung)

für gesellschaftliche Herausforderungen und nutzen unternehmerische Methoden, um nachhaltige (und oft skalierbare) Modelle zu entwickeln, die positive Veränderungen bewirken können. Sie streben in der Regel auch finanzielle Nachhaltigkeit im Geschäftsmodell an, um die langfristige Umsetzung der sozialen Mission sicherzustellen. Sie erwirtschaften Einnahmen und mobilisieren Ressourcen, um die sozialen Ziele zu erreichen – meist ohne auf Spenden angewiesen zu sein. Darüber hinaus berücksichtigt das Konzept des Social Entrepreneurship verschiedene Interessengruppen und Stakeholder*innen. Es bezieht betroffene Gemeinschaften wie Partnerorganisationen, Investor*innen, Mitarbeiter*innen und Lieferant*innen mit ein.

Die Bewertung und Messung des sozialen Einflusses sind auch hier entscheidende Elemente. Ziel ist es, die Auswirkungen der Aktivitäten auf soziale Probleme festzuhalten und zu dokumentieren, um die Effektivität zu steigern sowie eine transparente Kommunikation mit den Stakeholder*innen sicherzustellen.

Literatur

Achleitner, Ann-Kristin. 2023. *Definition: Social entrepreneurship.* Springer Fachmedien Wiesbaden GmbH. https://wirtschaftslexikon.gabler.de/definition/social-entrepreneurship-52240. Zugegriffen am 10.07.2023.

Blank, Steve. 2013. Why the Lean Start-Up Changes Everything. *Harvard Business Review* 91(1. Mai 2013): 63–72.

Dee, Nicola, David Gill, Caren Weinberg, und Stewart McTavish. 2015. *Startup Support Programmes – What's the difference?* London: Nesta. https://media.nesta.org.uk/documents/whats_the_diff_wv.pdf. Zugegriffen am 17.07.2023.

Ebrahim, Alnoor, und V. Kasturi Rangan. 2014. What impact? A framework for measuring the scale and scope of social performance. *California Management Review* 56(3): 118–141. https://doi.org/10.1525/cmr.2014.56.3.118.

Gartner, William B., und Ted Baker. 2010. *A plausible history and exploration of Stevenson's definition of entrepreneurship*: 23.

Glavic, Lukman. 2007. *Review of sustainability terms and their definitions in Journal of Cleaner Production*, 1875ff.

Gusenbauer, Alfred. 2002. *Netzwerk Innovation – Zukunftsfähige Politikprojekte*, 246. Wien: Czernin Verlag.

Kollmann, Tobias, Lukas Kleine-Stegemann, Christina Then-Bergh, Michael Harr, Alexander Hirschfeld, Jannis Gilde, und Vanusch Walk. 2021. Deutscher Startup Monitor 2022. Bundesverband Deutsche Startups e.V.; PwC Deutschland. https://startupverband.de/fileadmin/startupverband/mediaarchiv/research/dsm/dsm_2021.pdf. Zugegriffen am 17.07.2023.

Kurz, Bettina, und Doreen Kubek. 2021. *Kursbuch Wirkung*, 6. Aufl. Berlin: PHINEO gAG. https://www.bertelsmann-stiftung.de/de/publikationen/publikation/did/kursbuch-wirkung. Zugegriffen am 28.08.2023.

Leitner, Karl-Heinz, Georg Zahradnik, Hannah Wundsam, Johanna Einsiedler, Markus Raunig, Rudolf Dömötör, und Peter Vandor. 2023. Austrian Startup Monitor 2022, Austrian Institute of Technology; Austrian Startups; Wirtschaftsuniverisität Wien. https://publications.ait.ac.at/en/publications/7fa9b6cd-121d-4327-8c94-1fe5daf66150. Zugegriffen am 05.07.2023.

Leitner, Karl-Heinz, Nico Pintar, Georg Zahradnik, Rudolf Dömötör, Johanna Einsiedler, Markus Raunig, und Hannah Wundsam. 2024. Austrian Startup Monitor 2023. Austrian Institute of Technology; Austrian Startups; Wirtschaftsuniversität Wien. https://austrians-tartupmonitor.at/#publikationen. Zugegriffen am 15.04.2024.

Milotay, Nora. 2017. Measuring Social Impact in the EU | Think Tank | European Parliament. EPRS | European Parliamentary Research Service. https://www.europarl.europa.eu/thinktank/en/document/EPRS_BRI(2017)603930. Zugegriffen am 13.07.2023.

Monteiro, Alcides Almeida, José Carlos Sánchez-García, Brizeida Raquel Hernández-Sánchez, und Giuseppina Maria Cardella. 2022. Social entrepreneurship conceptual approaches. *Encyclopedia* 2(2): 1004–1018. https://doi.org/10.3390/encyclopedia2020066.

OECD/Eurostat. 2005. *Oslo Manual: Guidelines for Collecting and Interpreting Innovation Data, 3rd Edition, The Measurement of Scientific and Technological Activities*. Paris: OECD Publishing. https://doi.org/10.1787/9789264013100-en. Zugegriffen am 13.03.2024.

Olschewski, Skrollan. 2015. *Gründen in Deutschland: von Existenz-, Unternehmens- und Startup-Gründern und Gründerinnen*, 1. Aufl. Berlin: Konrad-Adenauer-Stiftung, Hauptabteilung Politik und Beratung.

Perlaviciute, Steg. 2012. *Environment and quality of life*, 109. West Sussex: John Wiley & Sons Ltd.

Peters, Schweiger. 2011. *Wirtschaftstheoretische Grundlagen der Regionalentwick-lung*, 40. Hannover: Akademie für Raumforschung und Landesplanung.

Portales, Luis. 2019. Social impact in social innovations: Definition, design, and evaluation. In *Social innovation and social entrepreneurship: Fundamentals, concepts, and tools*, 161–176. Cham: Springer International Publishing. https://doi.org/10.1007/978-3-030-13456-3_11.

Pufé. 2021. *Nachhaltigkeitsmanagement – Nachhaltige Unternehmensführung und Strategie 2 NAM/NMA*, 43. Hamburg: Fern-Hochschule.

Radojevich-Kelley, Nina, und David Lynn Hoffman. 2012. Analysis of accelerator companies: An exploratory case study of their programs, processes, and early results. *Small Business Institute Journal* 8(2): 54–70.

Rawhouser, Hans, Michael Cummings, und Scott L. Newbert. 2019. Social impact measurement: Current approaches and future directions for social entrepreneurship research. *Entrepreneurship Theory and Practice* 43(1): 82–115. https://doi.org/10.1177/1042258717727718.

Reiter. 2010. Bedeutung von Lebensqualität im 21. Jahrhundert. In Pechlaner, Bachinger, Hrsg. *Lebensqualität und Standortattraktivität- Kultur, Mobilität und regionale Marken als Erfolgsfaktoren*, 63. Berlin: Erich Schmidt Verlag.

Ries, Eric. 2014. *Lean Startup: Schnell, risikolos und erfolgreich Unternehmen gründen*. München: Redline.

Roche, Chris J.R. 1999. *Impact assessment for development agencies: Learning to value change*. Oxford: Oxfam.

Saebi, Tina, Nicolai J. Foss, und Stefan Linder. 2019. Social entrepreneurship research: Past achievements and future promises. *Journal of Management* 45(1): 70–95. https://doi.org/10.1177/0149206318793196.

Schumpeter, J. 2003. Theorie der wirtschaftlichen Entwicklung. In *Joseph Alois Schumpeter. The European heritage in economics and the social sciences*, Hrsg. J. Backhaus, Bd. 1. Boston: Springer. https://doi.org/10.1007/0-306-48082-4_2.

Serafeim, George. 2020. Social-impact efforts that create real value. *Harvard Business Review*. https://hbr.org/2020/09/social-impact-efforts-that-create-real-value. Zugegriffen am 17.07.2023.

Stephan, Ute, Malcolm Patterson, Ciara Kelly, und Johanna Mair. 2016. Organizations driving positive social change: A review and an integrative framework of change processes. *Journal of Management* 42(5): 1250–1281. https://doi.org/10.1177/0149206316633268.

Weiblen, Tobias, und Henry W. Chesbrough. 2015. Engaging with startups to enhance corporate innovation. *California Management Review* 57(2): 66–90. https://doi.org/10.1525/cmr.2015.57.2.66.

Innovations- und Startup-Landschaft in Österreich

2

Zusammenfassung

Im folgenden Kapitel wird im Detail auf das österreichische Innovationsöko-system eingegangen. Spin-offs, Startups sowie Scale-ups spielen dabei eine wesentliche Rolle. Ihre Bedeutung für die Gesamtwirtschaft sowie der Vergleich zu anderen Regionen wird beleuchtet.

2.1 Spin-offs

Spin-offs spielen eine entscheidende Rolle in der österreichischen Innovations-landschaft, wie aus der Studie „Wirkungen des Wissens- und Technologietransfers im Speziellen von Spin-offs" hervorgeht. Diese Unternehmen sind oft das Ergebnis einer Kommerzialisierung von Forschungsergebnissen, die an akademischen Einrichtungen generiert wurden, und tragen signifikant zur wirtschaftlichen Dynamik und Innovation bei. Spin-offs werden als Unternehmen definiert, die aus existierenden Organisationen wie Universitäten oder Forschungsinstituten hervorgegangen sind, um neue Produktideen oder Forschungsergebnisse kommerziell zu nutzen. In Österreich müssen akademische Spin-offs geistiges Eigentum einer akademischen Einrichtung kommerzialisieren, was oft durch einen Lizenz- oder Kaufvertrag für dieses geistige Eigentum geschieht. Die österreichische Strategie für Forschung, Technologie und Innovation (FTI-Strategie 2030) zielt darauf ab, die Anzahl wirtschaftlich erfolgreicher akademischer Spin-offs zu verdoppeln. Dies unterstreicht die hohe strategische Bedeutung, die der Förderung von Spin-offs und dem Wissens- und Technologietransfer beigemessen wird. Maßnahmen zur Erreichung dieser Ziele umfassen eine Erhöhung der Ausgaben für Forschung und Entwicklung sowie eine Verbesserung der Verfügbarkeit von Risikokapital. Die Studie zeigt auf, dass öffentliche Forschungsförderung und der daraus resultierende Technologie-transfer in die Privatwirtschaft, insbesondere durch Spin-offs, signifikante positive Effekte auf die Wettbewerbsfähigkeit und das Wachstum der österreichischen Wirtschaft haben. Es wird geschätzt, dass ein Euro öffentliche Forschungs-förderung einen BIP-Zuwachs von drei bis sieben Euro generieren kann, wobei Spin-offs eine Schlüsselrolle in diesem Prozess spielen. Die Studie belegt auch, dass österreichische Spin-offs im Vergleich zu anderen Startups eine höhere F&E-Intensität aufweisen und schneller wachsen. Dieses Wachstum ist besonders in forschungsintensiven Regionen und Branchen zu beobachten, was die Bedeu-tung von Spin-offs für das regionale Innovationssystem und die gesamte Wirtschaft unterstreicht. Die Ergebnisse der Studie verdeutlichen somit, dass Spin-offs nicht nur für die österreichische Innovationslandschaft von zentraler Bedeutung sind, sondern auch einen signifikanten Beitrag zur wirtschaftlichen Entwicklung und zum Wachstum leisten. Die Förderung von Spin-offs und der damit verbundene Wissens- und Technologietransfer sind daher wichtige Säulen der österreichischen FTI-Strategie (Keuschnigg et al. 2022, S. 10 ff.).

2.2   Startups

Die Startup-Szene in Österreich ist vielfältig und dynamisch, was sich in ver-schiedenen Aspekten, dargestellt im Austrian Startup Monitor widerspiegelt:

- **Geografische Verteilung und Diversität:** Wien ist das Zentrum der Startup-Aktivitäten in Österreich, gefolgt von der Steiermark und Oberösterreich. Diese geografische Verteilung zeigt, dass sich die Startup-Kultur über das ganze Land erstreckt, wobei die Hauptstadt eine führende Rolle einnimmt.
- **Geschlechterverteilung:** Der Anteil der „female startups" beträgt 39 %, was den höchsten Wert in Europa darstellt. Zudem haben 25 % der Startup-Gründer*innen einen Migrationshintergrund, und Gründer*innen mit Migrationshintergrund planen fast dreimal so häufig einen Börsengang wie einheimische Gründer*innen.
- **Optimismus und Wachstum:** Fast die Hälfte der Unternehmen erwartet eine Verdopplung ihres Umsatzes innerhalb der nächsten zwölf Monate, und knapp ein Viertel plant sogar eine Verdreifachung. Fünf von sechs Startups beabsichti-gen, im nächsten Jahr zusätzliches Kapital aufzunehmen.

- **Beschäftigung und internationale Ausrichtung:** Seit 2011 wurden mehr als 3300 Startups in Österreich gegründet, die zusammen mehr als 30.000 Personen beschäftigen. Jedes zweite Startup verfolgt Ziele in den Bereichen Ökologie und/oder Soziales, und ein Drittel der Startups kann als Green Startup klassifiziert werden. 35 % der Startups erzielen dabei mehr als 50 % ihrer Umsätze im Ausland.
- **Technologische Trends:** Künstliche Intelligenz bleibt der führende Innovations- und Technologietrend unter den österreichischen Startups.

2.3 Scale-ups

Scale-ups sind fortgeschrittene Startups, die bereits eine signifikante Wachstumsphase durchlaufen haben und sich durch ihre Fähigkeit auszeichnen, rasch zu skalieren und eine bedeutende Marktpräsenz zu erreichen. Sie tragen wesentlich zur Innovations- und Startup-Landschaft Österreichs bei, indem sie neue Technologien und Geschäftsmodelle vorantreiben, hoch qualifizierte Arbeitsplätze schaffen und die internationale Wettbewerbsfähigkeit stärken. Der „EY Scale-up Award" in Österreich, der mehr als 250 Bewerbungen erhielt, unterstreicht die Dynamik und das Potenzial der österreichischen Scale-up-Szene. EY und 30 Partner*innen küren jedes Jahr das Scale-up des Jahres und die Rising Stars in elf Kategorien, wobei die Auszeichnungen auf einem umfangreichen, digitalen Assessment basieren, das Wachstumsunternehmen bewertet. Refurbed, eine führende digitale Plattform für nachhaltigen Konsum, wurde als Scale-up des Jahres ausgezeichnet, während inoqo, das für mehr Transparenz im Lebensmittelhandel sorgt, den Titel des Rising Stars des Jahres erhielt. In Österreich entwickelt sich die Startup-Szene dynamisch, mit Investitionen von 695 Mio. € für Startups im Jahr 2023. Österreich hat den vierten Platz in der EU in Bezug auf die Anzahl von „Unicorns" erreicht (Ernst und Young 2023). Als Unicorns werden Tech-Startups bezeichnet, welche eine Bewertung am Kapitalmarkt von über 1 Mrd. Dollar aufweisen. Zudem listet der internationale Technologieberater i5invest zwölf „Soonicorns" in Österreich auf, die fünfthöchste Zahl in Europa. Als „Soonicorns" sind potenzielle Unicorns zu verstehen (Brutkasten 2022).

Zusammenfassend spielen Scale-ups eine essenzielle Rolle für die Innovationskraft und das Wirtschaftswachstum in Österreich. Sie sind nicht nur Innovationstreiber, sondern auch wesentliche Eckpfeiler des Wirtschaftsstandorts, die zur Wertschöpfung und zur Steigerung der Attraktivität des Standorts durch die Rekrutierung von Top-Talenten beitragen.

2.4   Österreich im europäischen und DACH-Kontext

Der Austrian Startup Monitor ist ein wichtiges Instrument, um die Entwicklung von Startups in Österreich zu verfolgen und zu analysieren. Dieser Monitor zielt darauf ab, eine kontinuierliche Datenbasis über die Gründung, Dynamik und Entwicklung von Startups zu bieten. Der Fokus liegt auf hochinnovativen Unternehmen mit dem Potenzial für internationales Wachstum und einem entsprechend hohen Risiko, was die spezifische Notwendigkeit der Akquisition von Risikokapital begründet. Der Monitor wird vom Austrian Institute of Technology, Austrian Startups und dem Gründungszentrum an der WU Wien durchgeführt und umfasst umfangreiche Analysen zu Wirtschaftswachstum, Beschäftigungswachstum und strukturellem Wandel durch Startups. Um die Unterschiede zwischen dem Austrian Startup Monitor 2022 und dem Deutschen Startup Monitor zu verstehen, ist es wichtig, die Kernergebnisse und Schwerpunkte des österreichischen Berichts zu betrachten. Der Austrian Startup Monitor legt seinen Fokus auf die dynamische Entwicklung der Startup-Landschaft in Österreich, indem er Trends, Herausforderungen und das Ökosystem analysiert. Einige der hervorgehobenen Aspekte sind die Bedeutung von innovativen und risikobehafteten Unternehmensgründungen für das Wirtschaftswachstum, Beschäftigungswachstum und den strukturellen Wandel. Der Bericht betont auch die Förderung von Startups durch die Politik und verschiedene Initiativen, um ein unterstützendes Umfeld für diese Unternehmen zu schaffen.

Wichtige Datenpunkte aus dem Austrian Startup Monitor 2023 umfassen:

- Die kontinuierliche Erfassung und Analyse der Entwicklung von Startups,
- Die Betonung der Innovation und des Wachstumspotenzials als wesentliche Merkmale von Startups,
- Die Bedeutung von Startups mit weiblichen Gründerinnen und die Rolle von akademischen Spin-offs,
- Die Analyse der wirtschaftlichen Entwicklung der Startups und ihres Beitrags zum Startup-Ökosystem in Österreich.

Der Deutsche Startup Monitor 2023 zeigt wichtige Entwicklungen in der deutschen Startup-Szene auf: ein stagnierender Gründerinnenanteil, was auf bestehende Herausforderungen hinweist, Hochschulen als wesentliche Basis des Ökosystems und die Rolle von Startups bei der Einführung neuer Technologien in die Praxis. Im Vergleich zum Austrian Startup Monitor könnte Deutschland in Aspekten wie der Integration von KI und der engeren Verbindung zu akademischen Institutionen führend sein. Österreich könnte sich durch eine starke Förderlandschaft und

Tab. 2.1 Vergleich der österreichischen mit der deutschen Startup Landschaft. (Eigene Darstellung basierend auf dem Austrian Startup Monitor und dem Deutschen Startup Monitor 2023)

Vergleichsaspekt	Österreich (Austrian Startup Monitor 2023)	Deutschland (Deutscher Startup Monitor 2023)
Gründer*innenanteil	Detailangaben nicht verfügbar, generelle Unterstützung für Diversität erkennbar.	Der Anteil der Gründerinnen bleibt bei etwa 20 %, zeigt also Stagnation auf niedrigem Niveau.
Akademische Spin-offs	Starke Betonung und Unterstützung.	49 % der Startups erhielten Unterstützung von Hochschulen bei ihrer Gründung.
Innovationsgrad	Starke Betonung auf Innovationskraft und internationales Wachstumspotenzial.	KI hat klare Relevanz für 52 % der Startups; zunehmende Nutzung von Tools wie ChatGPT.
Förderlandschaft	Starke Förderlandschaft und spezifische Maßnahmen zur Unterstützung.	Staatliche Fördermittel werden von fast jedem zweiten Startup genutzt; VC wird zunehmend kritischer gesehen.
Startup-Ökosystem	Betonung auf der Entwicklung des Startup-Ökosystems und regelmäßigen Analysen.	Die meisten Startups befinden sich in Berlin und München; das Ökosystem ist stark akademisch geprägt.

spezifische Maßnahmen zur Unterstützung von Startups, insbesondere in der frühen Phase, hervorheben. Beide Länder bieten einzigartige Vorteile, die von der spezifischen Natur der Startup-Ökosysteme abhängen. Die Unterschiede sind in der Tab. 2.1 dargestellt.

2.5 Regionale Unterschiede in Österreich

In Österreich gibt es hinsichtlich der Gründung von Startups und Spin-offs regionale Unterschiede, die vor allem durch die Unterstützung verschiedener Institutionen und Förderprogramme geprägt sind. Die AplusB Zentren spielen dabei eine zentrale Rolle. Die AplusB Zentren, das größte Inkubatorennetzwerk Österreichs, sind die zentralen Partner*innen für Startups mit hochtechnologischen Innovationen im ganzen Land. Sie unterstützen Technologie-Startups mit hohem Wachstumspotenzial flächendeckend und fungieren als wichtige Kooperations- und Inspirationspartner*innen der österreichischen Hochschullandschaft. Durch gezielte Förderung und Workshops helfen sie, nachhaltig und langfristig Erfolge zu erzielen. Die AplusB Zentren bieten umfassende Unterstützungsmöglichkeiten, die regelmäßige Mentoring-Sessions, Förderungen und interaktive Workshops zu gründungsrelevanten Themen umfassen. Regionale Förderstellen in Österreich tragen ebenfalls zur Unterstützung der Gründungsdynamik bei, indem sie finanzielle Unterstützung und Beratungsdienste für Startups und Spin-offs anbieten. Diese Institutionen sind entscheidend für die Bereitstellung des notwendigen Kapitals und Know-hows, um die frühen Phasen der Unternehmensgründung zu überwinden. Eine Studie über die Wirkungen ausgewählter AplusB-Zentren auf die regionale Gründungsdynamik und die Performance der unterstützten Unternehmensgründungen deutet darauf hin, dass diese Zentren signifikante positive Effekte auf die Startup-Landschaft und die wirtschaftliche Entwicklung in ihren jeweiligen Regionen haben. Insgesamt spielen die AplusB Zentren und regionale Förderstellen eine wesentliche Rolle in der Unterstützung und Entwicklung von Startups und Spin-offs in Österreich. Sie bieten nicht nur finanzielle Ressourcen, sondern auch wertvolle Beratung und Zugang zu Netzwerken, die für den Erfolg in den frühen Unternehmensphasen entscheidend sind (AplusB Impact Studie o. J.).

Die Wirtschaftskammer Österreich (WKO) bietet eine umfassende Statistik zu Unternehmensneugründungen in Österreich, die seit 1993 Daten zum jährlichen Gründungsgeschehen erfasst. Diese Statistik hilft, echte Neugründungen von Betriebsübernahmen und anderen Nicht-Neugründungen zu unterscheiden, indem sie verschiedene Registerinhalte systematisch verknüpft. Es ist jedoch anzumerken, dass hier alle Unternehmensgründungen erfasst sind, auch jene, die im Sinne dieser Publikation nicht als Startups bezeichnet werden. Es kann trotzdem ein entsprechender Trend abgeleitet werden. Die Analyse der Unternehmensneugründungen in Österreich im Zeitraum von 1993 bis 2023, basierend auf der Broschüre der Wirtschaftskammer Österreich (WKO), offenbart eine dynamische Entwicklung der Gründungslandschaft mit signifikanten regionalen Unterschieden zwischen den Bundesländern. Über drei Jahrzehnte hinweg wurden in Österreich rund 963.200 Unternehmen neu gegründet, wobei die Gründungsintensität – Neugründungen im Verhältnis zu aktiven Kammermitgliedern – kontinuierlich gestiegen ist. Diese positive Entwicklung spiegelt die zunehmende unternehmerische Aktivität und die wichtige Rolle von Neugründungen für die österreichische Wirtschaft wider. Die Unterschiede in der Gründungsaktivität zwischen den Bundesländern sind besonders hervorzuheben. Wien, Niederösterreich und Oberösterreich zeigen die höchsten absoluten Zahlen an Unternehmensneugründungen, was teilweise durch die größere Bevölkerungsdichte und die Verfügbarkeit von wirtschaftlichen und infrastrukturellen Ressourcen erklärt werden kann. Diese drei Bundesländer bilden das wirtschaftliche Rückgrat Österreichs und bieten ein

fruchtbares Ökosystem für Startups und junge Unternehmen. Die Gründungsintensität, die das Verhältnis von Neugründungen zu bestehenden Unternehmen an-
gibt, zeigt ebenfalls interessante regionale Muster. Während einige Bundesländer
eine besonders hohe Gründungsdynamik aufweisen, sind in anderen die Zahlen
verhältnismäßig niedriger. Diese Unterschiede können auf regionale Wirtschafts-
strukturen, die Verfügbarkeit von Förderprogrammen und die unterschiedliche
Ausrichtung der lokalen Ökosysteme zurückgeführt werden. Die Mehrheit der
Neugründungen erfolgt als nicht eingetragene Einzelunternehmen, gefolgt von Ge-
sellschaften mit beschränkter Haftung (GmbHs). Diese Präferenz für bestimmte
Rechtsformen spiegelt die Suche nach einfacheren und flexibleren Gründungs- und
Betriebsstrukturen wider. Hinsichtlich der Branchenverteilung dominieren das Ge-
werbe und Handwerk sowie Handel und Information & Consulting. Diese Verteilung zeigt die Vielfalt der unternehmerischen Tätigkeiten in Österreich und
unterstreicht die Bedeutung von Dienstleistungssektoren und der Handwerkskunst
für die Wirtschaft. Der Frauenanteil bei Unternehmensgründungen ist beachtlich
und hat in den letzten Jahren eine aufwärtsgerichtete Tendenz gezeigt, was auf eine
zunehmende Gleichstellung und die erfolgreiche Mobilisierung weiblicher unter-
nehmerischer Potenziale hinweist. Bei der Altersverteilung sind vor allem Gründer*innen zwischen 30 und 40 Jahren aktiv, was die Lebensphase mit der höchsten
Gründungsneigung markiert. Die Analyse der Unternehmensneugründungen in
Österreich zeigt eine positive Entwicklung der Gründungsaktivität mit be-
deutenden regionalen Unterschieden. Diese Erkenntnisse bieten wertvolle Einblicke für politische Entscheidungsträger, Wirtschaftsförderungseinrichtungen
und die akademische Forschung, um gezielte Unterstützungsmaßnahmen zu entwickeln und das Gründungsökosystem weiter zu stärken (WKO Daten Unternehmensneugründungen 2024, S. 2 ff.).

2.6   Startup Policy in Österreich

Forschung und Innovation kann als Ausgangspunkt für Entrepreneurship gesehen
werden. Die Forschungs- und Entwicklungsausgaben in Österreich haben sich
2022 auf etwa 14,2 Mrd. € erhöht, was einer Steigerung von 9,3 % gegenüber dem
Vorjahr entspricht. Die Forschungsquote liegt bei 3,26 %, womit Österreich über
dem europäischen Zielwert von 3 % liegt (Forschungs- und Technologiebericht
2022, S. 3 ff.).

Im internationalen Vergleich hat Österreich Aufholpotenzial hinsichtlich der
Anzahl der Startups pro Million Einwohner und zeigt Schwächen in den Bereichen

Venture-Capital-Finanzierung und Exits im Verhältnis zum BIP, wobei das Land zu den Schlusslichtern in Europa zählt (Graf et al. 2022, S. 2 f.).

In Österreich haben sich seit 2011 über 3300 Startups etabliert, wobei sich die jährliche Gründungsrate auf etwa 360 Unternehmen eingependelt hat. Diese Startups spielen eine bedeutende Rolle in der österreichischen Wirtschaft, da sie, obwohl sie nur 1 % aller neu gegründeten Unternehmen ausmachen, 29 % des gesamten Wertschöpfungsbeitrags aller Neugründungen erbringen. Der überwiegende Teil der Gründer verfügt über einen Hochschulabschluss (78 %) und etwa 40 % haben bereits Gründungserfahrung. Interessant ist auch, dass Startups in Österreich bedeutende Technologietrends wie künstliche Intelligenz, erneuerbare Energien, Energiespeicherung, Big Data und Cybersecurity vorantreiben. Mehr als die Hälfte der österreichischen Startups sind in digitalen Geschäftsfeldern aktiv, was ihnen ermöglicht, zur Digitalisierung anderer Unternehmen beizutragen und technologische Spillover-Effekte zu erzeugen. Eine Steigerung der Startup-Gründungsrate könnte signifikante volkswirtschaftliche Vorteile bringen, darunter eine höhere Gesamtfaktorproduktivität, gesteigerte Investitionstätigkeit und eine Zunahme der aws Gründungsfonds Beschäftigung (WKO Startup Factsheet 2023b, 2 ff.).

2.7   Förderungen und Finanzierung

Die Förderlandschaft für Startups in Österreich ist vielfältig und reicht von finanzieller Unterstützung in verschiedenen Entwicklungsphasen über Beratung bis hin zu speziellen Programmen für die Markteinführung. Beispielsweise bieten die Austria Wirtschaftsservice (aws) und die Forschungsförderungsgesellschaft (FFG o. J.) Unterstützung für Startups, die sich in der Entwicklungsphase befinden. Darüber hinaus bieten einzelne Bundesländer spezifische Förderungen an, die sich auf Investitionsunterstützung, Zuschüsse für Forschung und Entwicklung sowie Hilfe bei den Mietkosten für Geschäftsräume konzentrieren (WKO Startup Factsheet 2023b, 2 ff.).

In Österreich profitieren Startups und Gründer*innen von einem umfangreichen Angebot an Förderungen und Finanzierungsmöglichkeiten, die sowohl von staatlichen Einrichtungen als auch von privaten Fonds bereitgestellt werden. Die Angebote reichen von Krediten über Risikokapital bis hin zu Zuschüssen und sind darauf ausgerichtet, Innovationen und das Wachstum junger Unternehmen zu unterstützen. Hier ist eine Zusammenfassung der Hauptarten von Unterstützung, die Startups in Österreich erwarten können. Diese Vielfalt an Förder- und Finanzierungsmöglichkeiten bildet ein solides Fundament für das österreichische Startup-Ökosystem und trägt dazu bei, dass innovative Geschäftsideen realisiert und erfolgreich am Markt etabliert werden können (WKO Daten Unternehmensneu-gründungen 2024, S. 2 ff.; trend Startup Förderungen 2022).

aws – Austria Wirtschaftsservice
Eine der Schlüsselorganisationen in diesem Bereich ist die Austria Wirtschafts-service Gesellschaft (aws). Die aws bietet eine Reihe von Förderungen, darunter Zuschüsse, Garantien, Kredite und Beteiligungen speziell für Startups und KMUs. Einige spezifische Programme sind:

- **aws First Incubator:** Für junge, innovative Menschen mit Unternehmergeist bzw. Personen mit internationalem Background auf dem Weg zu ihrem ersten eigenen Unternehmen
- **aws PreSeed – Deep Tech:** Finanzierung für und Begleitung von Deep Tech-Unternehmen in der Vorgründungsphase
- **aws Seedfinancing – Deep Tech:** Vom Prototypen zum Markteintritt: Überbrückung der Finanzierungslücke innovativer Startups, die hochtechnologische Produkte entwickeln.
- **aws Preseed – Innovative Solutions und aws Seedfinancing – Innovative Solutions:** Für Vorhaben aller Branchen mit einer innovativen Gründungsidee, die über Unternehmensgrenzen hinaus, einen positiven gesellschaftlichen Mehrwert (Impact) sowie hohe Marktchancen im Rahmen von skalierbaren Geschäftsmodellen generiert, finanziert und begleitet.
- **aws-Garantie Eigenkapital hebeln:** Finanzierung von jungen kleinen und mittleren Unternehmen (bis zu 6 Jahre nach der Gründung) sowie Finanzierung von nationaler wie internationaler Expansion mit Wertschöpfungseffekten am Standort in Österreich.
- **aws Industry-Startup.Net:** neutrales Matching-Service der aws für Startups und Corporates (KMU und Großunternehmen), die eine Kooperationspartnerschaft eingehen möchten.
- **aws KI-Marktplatz:** Am aws KI-Marktplatz treffen sich österreichische Entwicklerinnen/Entwickler sowie Kundinnen/Kunden rund um eines der größten und spannendsten Themen unserer Zeit: der „Künstlichen Intelligenz".
- **aws Innovationsschutz:** unterstützt Unternehmen dabei, wichtiges geistiges Eigentum zu erkennen, strategisch zu sichern, zu verteidigen und optimal einzusetzen.
- **aws Gründungsfonds:** Darüber hinaus gibt es mit dem aws Gründungsfonds auch ein VC-Instrument. Mit einem Volumen von 65 Mio. € und einer Laufzeit bis 2026, stellt dieser Fonds eine wesentliche Ressource für die Finanzierung innovativer Geschäftsideen dar.

- **aws Connect:** Des Weiteren bietet die aws mit Programmen wie aws Connect und dem aws Industry-Startup.Net Plattformen zur Vernetzung von Startups mit Investor*innen und Industrieunternehmen. Diese Angebote zielen darauf ab, den Austausch zwischen jungen Unternehmen und etablierten Akteur*innen zu fördern und Synergien zu schaffen, die das Wachstum und die Innovation vorantreiben (Unternehmensservice Portal 2023; Austria Wirtschaftsservice o. J.).

FFG – Österreichische Forschungsförderungsgesellschaft

Die Forschungsförderungsgesellschaft (FFG o. J.) ist eine weitere zentrale Anlaufstelle für Startups, die Unterstützung in den Bereichen Forschung und Entwicklung suchen. Die FFG unterstützt Forschungs- und Entwicklungsprojekte mit einer Vielzahl von Förderprogrammen. Diese sind darauf ausgelegt, die Technologieentwicklung und Innovation in Startups zu fördern. Programme, wie

- **Spin-off Fellowship:** Hier werden Forscher*innen sowie Studierende mit innovativen Ideen in Richtung Ausgründung unterstützt.
- **Basisprogramm** von Projekten im Bereich der experimentellen Entwicklung. Das Basisprogramm ist eine nachhaltige Stütze zur Umsetzung von technisch riskanten und wirtschaftlich interessanten Projekten, und erreicht auch Startups.
- **Projekt.Start:** fördert Vorbereitungsarbeiten für einen aussagekräftigen Förderantrag von Startups im Basisprogramm.
- **Impact Innovation:** unterstützt Unternehmer*innen – insbesondere aus dem Bereich Social Entrepreneurship – neue Lösungen für ein bestehendes Problem bei Kund*innen oder Benutzer*innen zu finden. Gefördert werden Innovationsmethoden, um Ideen für ein neues Produkt oder Service zu entwickeln.
- **Markt.Start:** unterstützt Startups um ein marktfähiges Produkt oder eine marktfähige Dienstleistungsinnovation in Richtung Markteintritt.
- **Innovationsscheck:** Der Innovationsscheck mit Selbstbehalt ermöglicht Zuschüsse für zugekaufte F&E-Dienstleistungen von Forschungseinrichtungen.
- **Patent.Scheck:** Unternehmen können mit dem Patent.Scheck einmal pro Jahr und Forschungsidee mit einem Patentamt die Patentierbarkeit ihrer Idee abklären (Unternehmensserviceportal; FFG).

Die Österreichische Wirtschaftskammer (WKO)

Die WKO bietet Beratung und finanzielle Unterstützung durch verschiedene Serviceeinrichtungen und Initiativen, einschließlich spezieller Subventionen für Startups. Die Wirtschaftskammern bieten regelmäßige Workshops, Seminare und Einzelberatungen an, um Gründern bei der Unternehmensplanung, Markteintrittsstrategien und anderen Schlüsselaspekten des Unternehmertums zu helfen (WKO).

Incubators und Accelerators in den Regionen

Neben den bundesweiten Förderprogrammen bieten auch die einzelnen Bundesländer spezifische Unterstützungsangebote für Startups an. In ganz Österreich gibt es zahlreiche Inkubatoren und Beschleuniger, die Startups Unterstützung in Form von Arbeitsräumen, Mentoring und Zugang zu einem breiten Netzwerk an Investor*innen bieten. Beispiele sind INiTS, das auf Universitäts-Spin-offs spezialisiert ist, oder tech2b, der auf technologische Startups ausgerichtet ist (AplusB o. J.). Technologieparks wie der Tech Gate Vienna und verschiedene Cluster (z. B. Mechatronik Cluster, Life Sciences Cluster) bieten sowohl physische Räumlichkeiten als auch ein dynamisches Umfeld für Kollaboration und Innovation.

EU-Förderungen

Die Europäische Union stellt eine umfangreiche Palette an Förderprogrammen bereit, die speziell darauf ausgerichtet sind, Startups bei Innovation, Forschung und Entwicklung sowie der internationalen Expansion zu unterstützen. Diese Programme sind nicht nur wegen ihrer finanziellen Unterstützung, sondern auch wegen der Netzwerkmöglichkeiten, Beratung und weiterer Ressourcen von großer Bedeutung. Horizon Europe, das Flaggschiff unter den EU-Förderprogrammen für den Zeitraum 2021–2027, spielt eine zentrale Rolle in der Innovationsförderung. Es umfasst spezielle Initiativen wie den European Innovation Council (EIC), der in Form des EIC Pathfinder für frühe Innovationsphasen und des EIC Accelerator für die Skalierung bahnbrechender Innovationen Förderung und Kapital bereitstellt. Dieser umfassende Ansatz soll die Entwicklung marktschaffender Innovationen vorantreiben und beschleunigen (Europäische Kommission o. J.-a).

Die Europäischen Struktur- und Investitionsfonds (ESIF), insbesondere der Europäische Fonds für regionale Entwicklung (EFRE*) und der Europäische Sozialfonds (ESF), zielen darauf ab, regionale Disparitäten zu verringern und fördern technologische Forschung sowie die Entwicklung von Informations- und Kommunikationstechnologien. Sie spielen auch eine wichtige Rolle bei der Unterstützung von Unternehmertum und Arbeitsplatzschaffung (Europäische Kommission o. J.-b).

Ein weiteres bedeutendes Programm ist Erasmus for Young Entrepreneurs (o. J.). Dieses Austauschprogramm bietet neuen oder angehenden Unternehmer*innen die Möglichkeit, praktische Erfahrungen zu sammeln und von etablierten Unternehmern in anderen EU-Ländern zu lernen, was die grenzüberschreitende unternehmerische Zusammenarbeit und das Verständnis fördert (Erasmus). Zuletzt erleichtert InvestEU die Finanzierung und Investition in nachhaltige Projekte, einschließlich solcher von Startups. Durch die Bündelung verschiedener europäischer Finanzierungsinstrumente schafft es eine robuste Plattform für umfangreiche Investitionen in innovative Unternehmen (InvestEU).

2.8   Kapitalmarkt, Venture Capital, Business Angels, Bankenfinanzierung

Für die Finanzierung von Startups in Österreich gibt es vielfältige Optionen, ausgerichtet auf die unterschiedlichen Bedürfnisse der jeweiligen in Abb. 2.1 gezeigten Finanzierungsphasen.

Hier eine Übersicht der verschiedenen Finanzierungsmöglichkeiten und deren Wirksamkeit:

Traditionelle Quellen
Bankkredite bleiben eine grundlegende Finanzierungsquelle, jedoch ist die Kreditvergabe aufgrund strengerer Regulierungen wie Basel III zurückgegangen. Der Kapitalmarkt bietet alternative, wenn auch oft kostspielige Finanzierungsoptionen (Unternehmensservice Portal 2023).

Andere Finanzierungsformen
Risikokapital durch private und öffentliche Institutionen und Corporate Venture Capital-Programme bieten nicht nur Kapital, sondern auch strategische Ressourcen für Startups. Österreichs Venture Capital-Markt hat sich dynamisch entwickelt, was 2023 zu Investitionen von 695 Mio. € führte und Österreich im EU-Vergleich auf den vierten Platz bei der Zahl der Unicorns hievte (ABA o. J.).

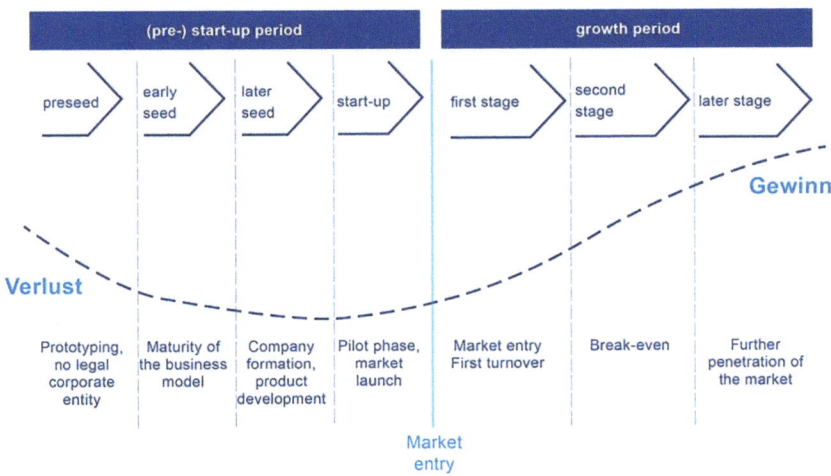

Abb. 2.1 Finanzierungsphasen von Startups. (Unternehmensservice Portal)

Business Angels Diese Investor*innen bringen Kapital, Know-how und Netzwerkkontakte ein, besonders in Fällen, wo Projekte für Banken zu riskant und für große Beteiligungsgesellschaften zu klein sind. In Österreich ist die Business-Angel-Szene aktiv und wird durch Netzwerke wie invest.austria unterstützt, die Vernetzung und Wissensaustausch fördern. Während in den USA der Markt für Risikokapital und Business Angels viel größer und etablierter ist, hat Österreich eine wachsende und zunehmend einflussreiche Business-Angel-Gemeinschaft. Diese Unterschiede sind teilweise durch lokale Wirtschaftsklimata, regulatorische Rahmenbedingungen und die Verfügbarkeit alternativer Finanzierungsquellen geprägt. Die Unterschiede in der Rolle und Bedeutung von Business Angels zwischen Österreich und anderen Ländern können auch durch unterschiedliche regulatorische Rahmenbedingungen, Steueranreize und die Verfügbarkeit alternativer Finanzierungsquellen wie staatliche Förderungen beeinflusst werden (ABA o. J.; Junge Wirtschaft 2018).

Crowdfunding ermöglicht die Sammlung von Kapital von vielen kleinen Investor*innen über Online-Plattformen und ist besonders vorteilhaft für B2C-Startups zur Marktvalidierung und Kund*innenbindung.

Venture Capital, Corporate Venture Capital und strategische Investor*innen bieten erhebliche Mittel, können jedoch zu Abhängigkeiten führen, die die Flexibilität des Startups einschränken. Der österreichische Markt für Private Equity und Venture Capital hat sich seit den frühen 2000ern beträchtlich entwickelt. Für das Jahr 2024 wird die Gesamtkapitalaufnahme in diesem Sektor auf etwa 611,6 Mio. € prognostiziert, was eine deutliche Steigerung gegenüber früheren Jahren darstellt und das zunehmende Vertrauen der Investor*innen in den österreichischen Markt widerspiegelt.

Besonders auffällig ist die Dominanz der Later Stage-Finanzierungen, die mit einem Volumen von 541,9 Mio. € den Markt im Jahr 2024 klar beherrschen werden. Diese Entwicklung zeigt, dass sich der Fokus in Österreich auf die Skalierung von etablierten Unternehmen verlagert hat, die bereits marktreife Produkte und Dienstleistungen anbieten. Dieser Trend zur Unterstützung weiter fortgeschrittener Unternehmensphasen deutet auf eine reife und stabilisierende Venture-Capital-Landschaft hin.

Im internationalen Vergleich bleibt der US-amerikanische Markt der unangefochtene Leader mit erwarteten Kapitalaufnahmen von 241,8 Mrd. € im Jahr 2024. Obwohl der österreichische Markt im Vergleich dazu klein erscheint, ist die dynamische Entwicklung und das steigende internationale Interesse nicht zu übersehen.

Parallel zur starken Präsenz von Later Stage-Finanzierungen ist in Österreich ein zunehmendes Interesse an Startup-Investitionen zu beobachten, insbesondere im Venture-Capital-Sektor. Diese Entwicklung könnte eine Verschiebung hin zu einer diversifizierteren Investitionslandschaft signalisieren, die auch junge, technologisch innovative Unternehmen einschließt.

Trotz des beeindruckenden Wachstums bleiben Herausforderungen bestehen. Der Markt ist im Vergleich zu globalen Giganten wie den USA klein, und die traditionelle Vorsicht lokaler Investor*innen kann die Entwicklung bremsen. Jedoch könnten innovative Finanzierungsmodelle und die stärkere Öffnung für internationale Kapitalgeber wesentliche Impulse für das Wachstum setzen.

Insgesamt bietet der österreichische Markt für Private Equity und Venture Capital eine solide Basis für zukünftiges Wachstum. Er könnte sich als attraktiver Standort für innovative Unternehmen und internationale Investor*innen weiter etablieren, unterstützt durch eine sich diversifizierende Finanzierungslandschaft und das wachsende Interesse an frühen Unternehmensphasen, wie dies auch in der Abb. 2.2 gezeigt wird (ABA o. J.; Statista 2024; Peneder und Wieser 2002, S. 13 f.).

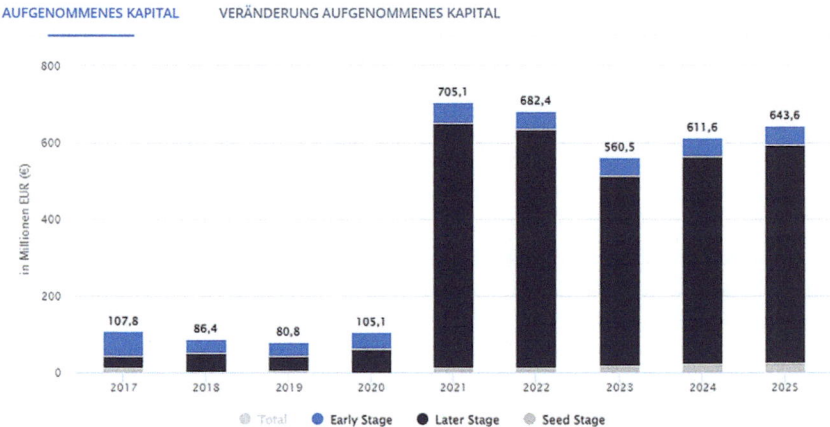

Anmerkungen: Daten werden in aktuellen Wechselkursen gezeigt. Daten reflektieren die Einflüsse des Russland-Ukraine Krieges auf den Markt, sowie die Insolvenz der Silicon Valley Bank.

Letzte Aktualisierung: März 2024

Quelle: Statista Market Insights

Abb. 2.2 Finanzierungsphasen von Startups und aufgenommenes Kapital. (Statista 2024)

Literatur

ABA. o.J. Invest in Austria. https://investinaustria.at/branchen-funktionen/funktion/start-ups-in-oesterreich/. Zugegriffen am 28.04.2024.

AplusB. o.J. https://aplusb.biz/. Zugegriffen am 28.04.2024.

AplusB Impact Studie. o.J. https://aplusb.biz/impact-studie. Zugegriffen am 28.04.2024.

Austria Wirtschaftsservice. o.J. https://www.aws.at/. Zugegriffen am 28.04.2024.

Austrian Startup Monitor. 2023. https://austrianstartupmonitor.at/#publikationen. Zugegriffen am 28.04.2024.

Brutkasten. 2022. https://brutkasten.com/artikel/unicorn-definition-oesterreich. Zugegriffen am 22.04.2024.

Bundesministerium für Bildung, Wissenschaft und Forschung (BMBWF). 2022. Forschungs- und Technologiebericht 2022. Bericht der Bundesregierung über die Situation und Entwicklung von Wissenschaft, Forschung und Technologie in Österreich. Wien: Bundesministerium für Bildung, Wissenschaft und Forschung.

Deutscher Startup Monitor. 2023. https://deutscherstartupmonitor.de/. Zugegriffen am 28.04.2024.

Erasmus for Young Entrepreneurs. o.J. https://www.erasmus-entrepreneurs.eu/. Zugegriffen am 28.04.2024.

Ernst & Young. 2023. https://www.ey.com/de_at/Startups/oesterreichs-scale-up-des-jahres-2023-ausgezeichnet. Zugegriffen am 28.04.2024.

Europäische Kommission. o.J.-a. Horizon Europe. https://research-and-innovation.ec.europa.eu/funding/funding-opportunities/funding-programmes-and-open-calls/horizon-europe_en. Zugegriffen am 28.04.2024.

———. o.J.-b. Funding. https://ec.europa.eu/regional_policy/funding_en. Zugegriffen am 28.04.2024.

Europäische Union. o.J. InvestEU. https://investeu.europa.eu/index_en. Zugegriffen am 28.04.2024.

Forschungsförderungsgesellschaft. o.J. https://www.ffg.at/. Zugegriffen am 28.04.2024.

Graf, Nikolaus, Ludwig Strohner, und Monika Köppl-Turyna. 2022. *Wertschöpfung von Startups in Österreich*, Studie im Auftrag von AustrianStartups, Junge Wirtschaft, Wirtschaftskammer Österreich, Austrian Private Equity and Venture Capital Organisation und Austrian Angel Investors Association. Wien: EcoAustria.

InvestAustria. o.J. https://www.invest-austria.com/de/. Zugegriffen am 28.04.2024.

Junge Wirtschaft. 2018. Angels, VC & Co.: Startup- und Wachstumsfinanzierung abseits von Banken und Förderungen. https://www.jungewirtschaft.at.

Keuschnigg, Christian, Brigitte Ecker, Julian Johs, Mara Kritzinger, Sascha Sardadvar, und Bernhard Würfel (wissenschaftliche Assistenz). 2022. Wirkungen des Wissens- und Technologietransfers, im Speziellen von Spin-offs: Eine makro- und mikroökonomische Analyse. Studie im Auftrag des Bundesministeriums für Bildung, Wissenschaft und Forschung. Wirtschaftspolitisches Zentrum WPZ, Universität St. Gallen (FGN-HSG) & WPZ Research, Wien.

Peneder, M., und R. Wieser 2002. Der österreichische Markt für Private Equity und Venture Capital 2001 – Ergebnisse einer Unternehmensbefragung. WIFO Monatsberichte. https://www.wifo.ac.at/jart/prj3/wifo/resources/person_dokument/person_dokument.jart?publikationsid=22886&mime_type=application/pdf. Zugegriffen am 28.04.2024.

Statista Market Insights. 2024. https://de.statista.com/outlook/fmo/capital-raising/traditio-
nal-capital-raising/venture-capital/oesterreich#aufgenommenes-kapital. Zugegriffen am
28.04.2024.

Trend. Diese Förderungen gibt es für Startups in Österreich. 2022. https://www.trend.at/
unternehmen/startup-foerderungen. Zugegriffen am 28.04.2024.

Unternehmensservice Portal. 2023. https://startup.usp.gv.at/startup/bund/finanzierung-und-fo-
erderung. Zugegriffen am 28.04.2024.

WKO. 2023a. Finanzierung & Förderungen für Startups. https://www.wko.at/startups/finan-
zierung-foerderungen. Zugegriffen am 28.04.2024.

———. 2023b. Zahlen, Daten, Fakten zu Startups in Österreich. Factsheet. https://www.
wko.at/startups/factsheet. Zugegriffen am 28.04.2024.

———. 2024. Wirtschaftspolitik – Arbeitsmarkt- und Bildungspolitik, Statistik. Unternehmensneugründungen in Österreich. Ergebnisse aus der jährlichen Gründungsstatistik
der WKO. https://www.wko.at/zahlen-daten-fakten/daten-unternehmensneugruendungen.
Zugegriffen am 28.04.2024.

Impact Innovation

3

Zusammenfassung

Dieses Kapitel beleuchtet das Thema Impact Investing und die Bedeutung des positiven gesellschaftlichen Mehrwerts im Startup-Bereich. Die Impact-Messung wird als ein kritisches Werkzeug für Unternehmen vorgestellt, die soziale und/oder ökologische Ziele verfolgen. Es analysiert verschiedene Methoden und Modelle zur Bewertung des Social Impacts und stellt ein vereinfachtes, auf den Zielen für nachhaltige Entwicklung (SDGs) basierendes Impact-Messmodell vor. Das Kapitel bietet eine Grundlage für Startups, ihren gesellschaftlichen Beitrag systematisch zu erfassen und darzulegen, und betont die Wichtigkeit einer klar definierten Impact-Strategie.

3.1   Impact Investing im Startup-Bereich

Das Konzept des Impact Investing bei Startups bezieht sich auf die Idee, Kapital in junge und innovative Unternehmen zu investieren, die nicht nur finanzielle Gewinne anstreben, sondern auch positive Veränderungen in sozialen oder ökologischen Bereichen bewirken möchten. Diese Art des Investierens bildet eine Verbindung zwischen traditionellen Frühphasen-Investments und Investitionen mit einem starken Fokus auf soziale Verantwortung. Impact-Investor*innen beabsichtigen, Unternehmen zu unterstützen, die mit ihren innovativen Ideen gesellschaftliche Probleme angehen oder Verbesserungen herbeiführen möchten, indem sie finanzielle Mittel zur Verfügung stellen (Zhang 2021, S. 1).

Diese Unterstützung kann vielfältig sein und reicht von Eigenkapital-beteiligungen über Darlehen bis hin zu alternativen Finanzierungsmethoden, wie Work-for-Equity-Vereinbarungen (Spiess-Knafl und Scheck 2017, S. 177 ff.). Die Entscheidung, in ein Startup zu investieren, basiert oft auf einer gründlichen Analyse des potenziellen gesellschaftlichen Mehrwerts, den das Startup erzielen möchte. Um die Wirkung ihrer Investments zu untermauern, nutzen Impact-Investor*innen häufig verschiedene Methoden zur Messung und Bewertung der sozialen und ökologischen Auswirkungen, um eine tatsächliche positive Veränderung zu gewährleisten. Sehr häufig sind diese Methoden selbst entwickelt (Koslova et al. 2023).

Durch Impact Investing haben Business Angels und Venture-Capital-Fonds die Möglichkeit, gezielt in innovative Lösungen, die gleichzeitig einen hohen Impact aufweisen, zu investieren und dabei auch finanzielle Renditen zu erzielen. Dies spiegelt den wachsenden Trend wider, dass Unternehmen nicht nur auf Gewinne abzielen, sondern auch sozial verantwortlich handeln und zur Gesellschaft beitragen sollten. Impact-Investor*innen stellen den Startups meist nicht nur Kapital zur Verfügung, sondern auch wertvolle Ressourcen, Fachwissen und Zugang zu relevanten Netzwerken (Brettel et al. 2005, S. 49 f.). Sie spielen eine wichtige Rolle bei der Entwicklung dieser Unternehmen und helfen ihnen dabei, ihre Ziele zu erreichen. Für Startups mit Fokus auf Social Impact kann Impact Investing daher viele Vorteile bieten (Dibrova 2015, S. 285; Liu 2015, S. 33 ff.):

- **Kapitalbeschaffung:** Investor*innen mit Fokus auf Social Impact, wie Business Angels oder Risikokapitalfonds, zeigen oft Interesse an Projekten mit höherem Risiko, die das Potenzial haben, positive soziale oder ökologische Veränderungen herbeizuführen. Dies erleichtert es Startups Kapital zu lukrieren, da herkömmliche Finanzierungsquellen (wie bspw. Banken) häufig zögerlicher bei riskanten und innovativen Vorhaben sind.
- **Know-how und Netzwerke:** Sozial-orientierte Investor*innen bringen nicht nur Kapital in Startups ein, sondern auch wertvolles Fachwissen und persönliche Kontakte. Startups können von der Expertise und den Beziehungen ihrer Investor*innen profitieren, um ihr Geschäft zu optimieren und auszubauen.
- **Glaubwürdigkeit und Ruf:** Die Partnerschaft mit Impact-Investor*innen kann das Ansehen eines Startups stärken. Die Tatsache, dass ein/e Investor*in nicht nur auf finanzielle Gewinne, sondern auch auf soziale oder ökologische Werte achtet, kann Vertrauen bei Kund*innen, Partner*innen und anderen Interessengruppen schaffen.
- **Langfristige Perspektive:** Impact-Investor*innen investieren in der Regel langfristig im Vergleich zu traditionellen Risikokapitalgeber*innen, um die ge-

samten Auswirkungen eines Unternehmens zu realisieren. Dies ist besonders wichtig für Social Impact Startups, die Zeit benötigen, um ihre sozialen Ziele und nachhaltigen Auswirkungen zu erreichen.

Impact Investing hat in den letzten Jahren stark zugenommen und die Art und Weise verändert, wie Investor*innen ihr Kapital anlegen. Besonders in der Startup-Szene hat sich dieser Ansatz als sehr wichtig erwiesen, da er die Möglichkeit bietet, finanzielle Rendite mit positiven gesellschaftlichen und ökologischen Veränderungen zu verbinden (Zhang 2021, S. 30 f.). Viele Impact-Investor*innen, darunter Business Angels und VC-Fonds, streben danach, den sozialen und ökologischen Einfluss von Startups sorgfältig zu messen. Die Messung gestaltet sich jedoch oft als sehr schwierig, da Geschäftsmodelle und der angestrebte Impact von Startups sehr unterschiedlich sein können. Ein objektiver Vergleich zwischen den Investments ist dadurch schwer möglich (Koslova et al. 2023).

Impact Measurement & Management (IMM)
Die Bewertung und Verwaltung des Social Impacts (bei Startups) sind entscheidende Elemente des Impact Investing-Ansatzes. Wie oben bereits erwähnt, legen immer mehr Impact-Investor*innen großen Wert darauf, die Auswirkungen innerhalb ihres Portfolios zu messen (Glänzel und Scheuerle 2016, S. 26; Garzon 2021):

Die Messung ermöglicht es den Investierenden festzustellen, ob ein Startup seine sozialen oder ökologischen Ziele erreicht oder Anpassungen vornehmen muss. Dies fördert die Verantwortlichkeit und gewährleistet eine effektive Nutzung des investierten Kapitals. Sowohl Startups als auch Investor*innen können durch die Messung ihre Aktivitäten bzw. Investmentstrategie (frühzeitig) optimieren, um ihre Wirkung zu maximieren und ihre Ziele zu erreichen – was langfristig zu besseren Ergebnissen und einer effizienteren Ressourcennutzung führt.

Die Möglichkeit, den erzielten Effekt bzw. Wirkung nachzuweisen, ist für Startups entscheidend, um das Vertrauen der Investor*innen zu gewinnen und zukünftige Finanzierungsrunden sicherzustellen (Skalierbarkeit).

Eine gewisse Standardisierung der Impact-Messung würde den Vergleich zwischen verschiedenen Investitionsmöglichkeiten innerhalb eines Portfolios erleichtern und Impact-Investor*innen dabei unterstützen, fundierte Investmententscheidungen treffen zu können. Allerdings entwickeln viele Impact-Investor*innen ihre eigenen Modelle zur Messung von Impact und entsprechende Leistungskennzahlen (KPIs), was die Vergleichbarkeit zwischen Startups, aber auch Branchen stark beeinträchtigen kann (Pacher 2021).

Zusammenfassung
Es kann gesagt werden, dass Impact Investing das Potenzial hat, positive gesellschaftliche und ökologische Veränderungen sowie finanzielle Renditen zu
schaffen. Die Messung und das Management des sozialen und ökologischen Impacts (IMM) sind wesentliche Bestandteile dieses Ansatzes und ermöglichen es Investor*innen, sicherzustellen, dass ihre Kapitalanlagen mit ihren gesellschaftlichen Zielen übereinstimmen.

3.2   Bestehende Konzepte und Modelle der Impact-Messung

Es gibt eine Vielzahl an unterschiedlichen Modellen und Methoden für die Impact-
Messung. Dabei ist wichtig zu beachten, dass die Beurteilung des Social Impact
verschiedene Zwecke während des gesamten Lebenszyklus eines Unternehmens,
Projekts oder einer Investition erfüllt. Im Allgemeinen lassen sich diese in vier
Hauptkategorien unterteilen:

- **Schätzung des Impacts:** Eine gründliche Prüfung (z. B. vor dem Investment in
  ein Startup) kann dazu beitragen, den Social Impact zu bewerten und Investor*innen zur Bereitstellung von Kapital ermutigen.
- **Planung des Impacts:** Entwicklung von Metriken und Methoden zur
  kontinuierlichen Überwachung des Social Impacts.
- **Überwachung/Monitoring des Social Impacts:** durch Erfassung und Analyse
  der Effekte, um die Einhaltung der ursprünglichen Mission und der festgelegten
  Ziele zu überprüfen.
- **Nach Abschluss eines Projekts:** Es erfolgt eine Evaluierung des Social Impacts, um die gesellschaftlichen Auswirkungen einer Investition oder eines Projekts zu verstehen.

Es gibt verschiedene Ansätze, um diese Ziele zu erreichen. So und Staskevicius
(2015, S. 5 ff.) unterteilen die Methoden zur Messung von Auswirkungen in vier
Hauptgruppen:

- Die erwartete Rendite vergleicht die vorhergesagten sozialen Gewinne einer Investition mit den Kosten, unter Berücksichtigung des aktuellen Werts. Diese
  prognostizierte Rendite zeigt sich in verschiedenen Formen, wie zum Beispiel
  dem Social Return on Investment (SROI), der Benefit-Cost-Ratio (BCR) oder
  der Economic Rate of Return (ERR).

- Die Theorie des Wandels (Theory of Change) sowie das Logikmodell (Logic Model) beschreiben den geplanten Verlauf sozialer Effekte. Das Logikmodell dient dazu, die Theorie des Wandels einer Organisation, einer Intervention oder eines Programms visuell darzustellen. Die klare Struktur des Logikmodells ermöglicht eine präzise Darstellung der Zusammenhänge und vermittelt somit ein hohes Maß an Vertrauen in die Wirksamkeit des Vorhabens. Es verknüpft Ressourcen (Input) mit Handlungen (Aktivitäten), direkten Ergebnissen (Output), Resultaten und letztlich der sozialen Wirkung (Impact), auch bekannt als Wirkungslogik.
- Ansätze, die sich an der Mission orientieren und prägnant evaluieren, inwieweit die Umsetzung der Strategie im Laufe der Zeit mit dem ursprünglichen Plan und den Zielsetzungen übereinstimmt. Hierbei werden soziale Bewertungskriterien und Bewertungstabellen verwendet, wie beispielsweise das IRIS-Modell, um wesentliche Leistungsindikatoren zuverlässig zu überwachen und zu steuern.
- Experimentelle sowie quasi-experimentelle Methoden bieten retrospektive Analysen zur Untersuchung der Auswirkungen einer Maßnahme im Vergleich zu Anfangsbedingungen. Hierbei wird auf eine randomisierte Kontrollstudie oder andere kontrafaktische Ansätze zurückgegriffen.

Diese Messverfahren erfüllen in der Regel bestimmte Funktionen innerhalb der entsprechenden Investitions- oder Unternehmensphasen. Die folgenden Abschnitte behandeln die am häufigsten verwendeten Impact-Bewertungsmodelle, insbesondere im Zusammenhang mit Startups.

3.2.1 Social Return on Investment (SROI)

Investor*innen verwenden den Return on Investment (ROI) als Kennzahl, um die erwartete Rendite ihrer finanziellen Anlagen einzuschätzen. Diese Berechnung beinhaltet im Wesentlichen die Ermittlung des gewichteten Durchschnitts der erwarteten Gewinne (Nutzen abzüglich Kosten), die nach Anlagekategorien aufgeteilt und gegebenenfalls auf ihren aktuellen Wert abgezinst werden (Rolfes 2020; Stobierski 2020). Das SROI-Modell ermöglicht zudem die Bewertung der erwarteten sozialen Rendite einer Investition. Diese Methode wird auch von Impact-Investor*innen angewendet, um den prognostizierten Nutzen im Verhältnis zu den Kosten zu bewerten, angepasst auf den heutigen Wert (So und Staskevicius 2015, S. 16).

Das SROI-Modell wird als anerkannte Methode zur Bewertung und Quantifizierung des sozialen, ökologischen und wirtschaftlichen Mehrwerts einer Organisation, eines Projekts oder einer Investition betrachtet. Es dient dazu, über traditionelle finanzielle Kennzahlen hinaus, ein breites Spektrum an sozialen und ökologischen Auswirkungen einer Initiative zu messen und zu analysieren. Der zentrale Gedanke hinter dem SROI-Modell ist, dass Unternehmen nicht nur anhand ihrer finanziellen Leistung beurteilt werden, sondern auch anhand ihrer Fähigkeit, positive Auswirkungen auf Gesellschaft und Umwelt zu erzielen. Das SROI-Modell basiert dabei auf den bewährten Prinzipien der sozialen Bilanzierung und der Kosten-Nutzen-Analyse und unterstützt die sozialen, wirtschaftlichen und ökologischen Auswirkungen zu erfassen und zu verstehen (Nicholls et al. 2012, S. 8 f.).

Der SROI bewertet die erzielten sozialen Vorteile monetär und setzt sie den getätigten Investitionen gegenüber. Die Berechnung der SROI-Rate erfolgt üblicherweise wie folgt:

$$SROI - Quote =$$
$$Barwert\ der\ Auswirkungen\ (Impact)\ /\ Wert\ der\ Investitionen\ (Inputs)$$

Diese Rate kann als Prozentzahl, Verhältnis oder Netto-Gegenwartswert dargestellt werden. Der berechnete SROI gibt Aufschluss über die Effizienz und Wirksamkeit einer spezifischen Maßnahme oder Investition. Ein SROI von über 1 zeigt an, dass der erzielte soziale und ökologische Nutzen die anfänglichen Investitionen übertreffen. Zum Beispiel bedeutet ein SROI von 3:1, dass für jede investierte Einheit ein dreifacher sozialer/ökologischer Nutzen generiert wurde (Schober und Then 2015, S. 8). Das SROI-Modell kann auf zwei Arten angewendet werden: evaluativ, indem es retrospektiv basierend auf bereits realisierten Ergebnissen verwendet wird, und prognostizierend, um abzuschätzen, welcher Wert generiert werden könnte, wenn die geplanten Ergebnisse erreicht werden. Die prognostische Anwendung erweist sich besonders während der Planungsphase einer Maßnahme als nützlich oder wenn nicht genügend Daten für eine evaluative Berechnung des SROI verfügbar sind (Nicholls et al. 2012, S. 8).

Die Berechnung des SROI beinhaltet verschiedene Schritte, die darauf abzielen, die breiten Effekte eines Vorhabens zu identifizieren und in monetären Einheiten darzustellen. Dies ist in Tab. 3.1 dargestellt.

Die Berechnung des gesellschaftlichen Nutzens mittels SROI hat sich für Organisationen, Unternehmen und Investor*innen, die sich auf soziale und ökologische Verantwortung konzentrieren, als teilweise praktikabel herausgestellt. SROI ermöglicht

Tab. 3.1 Schritte des SROI-Prozesses. (Eigene Darstellung basierend auf So und Staskevicius 2015, S. 16 und Salverda 2021)

Schritte	Beschreibung
Analyserahmen bestimmen	Themenschwerpunkte und Zielsetzungen festhalten. Hauptbetroffene Stakeholder*innen identifizieren. Zusammenhänge zwischen Investitionen (Inputs), Aktivitäten (Outputs) und langfristigen Ergebnissen/ Wirkungen (Outcomes) für jede Stakeholder*innengruppe aufzeigen. Bedeutung der Resultate evaluieren.
Indikatoren und Impact-zuschreibung identifizieren	Auswahl der Messindikatoren für Inputs, Aktivitäten (Outputs) und Ergebnisse (Outcomes), mit Fokus auf Ergebnisse. Impact-Abschätzung unter Berücksichtigung negativer Effekte (negativer Impact) und unabhängig erfolgter Veränderungen (Deadweights). Diverse Methoden wie Befragungen, Interviews und Fallanalysen einsetzen. Signifikanz der Resultate bewerten.
Wertbestimmung vornehmen	Finanzielle Bewertung signifikanter Ergebnisse vornehmen. Monetäre Wertschätzung der Effekte für die Beteiligten bestimmen. Ergebnisbedeutung unter Berücksichtigung relativer Werte reevaluieren. SROI-Verhältnis für diese Ergebnisse (Auswirkungen/ Inputs) kalkulieren.
Werte steuern	Strategien implementieren, um den sozialen und ökologischen Mehrwert auf Basis der Analyseergebnisse zu optimieren.

einerseits eine gründliche Analyse der Auswirkungen und unterstützt bei komplexen Entscheidungsprozessen. Zudem wird eine offene Kommunikation mit Interessengruppen und der Öffentlichkeit erleichtert. Um den SROI zuverlässig zu ermitteln, ist eine sorgfältige Datensammlung über längere Zeiträume hinweg unerlässlich. Dabei ist entscheidend, geeignete Bewertungsmethoden auszuwählen und Unsicherheiten zu berücksichtigen, um aussagekräftige Ergebnisse zu erzielen. Insbesondere für junge Startups kann diese Herangehensweise eine Herausforderung darstellen, wie das nachfolgende fiktive Beispiel einer SROI-Analyse verdeutlicht.

Beispiel einer SROI-Analyse
Ein Social Impact Startup, das sich auf umweltfreundliche Technologien im Bereich Urban Farming spezialisiert hat, plant Investitionen in innovative Dachgärten für städtische Gemeinschaften. Das Ziel besteht darin, den Bewohner*innen des Stadtteils Zugang zu frischem Obst und Gemüse aus lokalem Anbau zu ermöglichen und gleichzeitig die Luftqualität in der Stadt zu verbessern.

Definition von Umfang und Zielsetzung:
Das Unternehmen strebt danach, die Lebensqualität in der Stadt zu steigern und nachhaltige Anbaumethoden zu fördern, um die Umweltbelastung zu reduzieren.

Identifizierung der Stakeholder*innen:
Zu den Hauptinteressenvertreter*innen gehören die Bewohner*innen der Stadtviertel, lokale Lebensmittelgeschäfte als Abnehmer*innen von frischen Produkten sowie die städtische Gemeinschaft (als Profiteur*innen einer besseren Luftqualität).

Erfassung von Input, Output und Ergebnissen:
Das Unternehmen investiert 200.000 € in die Entwicklung und Umsetzung der Dachgartenprojekte. Zu den Outputs zählen die Anzahl der installierten Dachgärten, die Menge an produziertem Obst und Gemüse sowie die verbesserte Luftqualität in den Stadtvierteln. Langfristige Ergebnisse umfassen gesündere Ernährungsmöglichkeiten für die Bewohner*innen und eine nachweisliche Reduzierung von CO_2-Emissionen.

Indikatoren und Datenerhebung:
Das junge Unternehmen misst die Menge an geerntetem Obst und Gemüse, die Verbesserung der Luftqualität sowie das Ausmaß der Bürger*innenbeteiligung am Urban Farming-Projekt.

Bewertung des sozialen Werts:
Um den geschaffenen gesellschaftlichen Nutzen zu bewerten, werden sowohl wirtschaftliche als auch umweltbezogene Daten herangezogen, wie beispielsweise die Einsparungen durch lokale Produktion im Vergleich zu importierten Lebensmitteln und die Bewertung von CO_2-Einsparungen.

Berechnung des SROI-Verhältnisses:
Die geschätzten Gesamtauswirkungen der Urban Farming-Initiative belaufen sich auf 600.000 €, basierend auf den gesundheitlichen Vorteilen und Umweltauswirkungen. Das SROI-Verhältnis würde wie folgt berechnet werden:

$$SROI =$$
$$Gesamtauswirkungen \left(600.000 €\right) / Gesamtinvestitionen \left(200.000 €\right) = 3$$

Ein SROI-Verhältnis von 3:1 würde darauf hinweisen, dass für jede investierte Einheit des Startups der dreifache Betrag an sozialem Wert in Form von gesundheitlichen Vorteilen und Umweltverbesserungen erzielt wird.

Interpretation und Berichterstattung:
Das Startup kann diese Berechnung des SROI nutzen, um den sozialen Mehrwert seiner Projekte gegenüber Interessengruppen, Investor*innen und der Öffentlichkeit zu kommunizieren. Der Bericht kann auch dazu dienen, Möglichkeiten zur Effizienzsteigerung aufzuzeigen und die Ressourcen des Startups gezielter für eine maximale positive Umweltwirkung einzusetzen.

Stärken des SROI-Ansatzes
Durch den SROI-Ansatz wird es möglich, den sozialen und ökologischen Einfluss in finanzielle Werte umzuwandeln, was in der Regel zu einer klaren Verständlichkeit und breiten Anerkennung führt. Diese Umrechnung in Geldbeträge erleichtert die Kommunikation von Auswirkungen, ermöglicht Vergleiche und unterstützt somit Berichterstattungsprozesse sowie Entscheidungsfindungen. Mit einer SROI-Analyse wird ein Rahmen geschaffen, der Aktivitäten nach ihrer Priorität ordnet und Ressourcen innerhalb eines Startups effizient (für maximale Wirkung) zuweist. Eine konsequente Anwendung dieses Modells kann zu Lernprozessen im Management führen, die wichtige Erkenntnisse darüber liefern, welche Bereiche Veränderungen erfordern. SROI fördert eine transparente Berichterstattung über soziale und ökologische Effekte, was das Vertrauen und die Glaubwürdigkeit bei Investor*innen, Interessengruppen und der breiten Öffentlichkeit stärken kann. Durch die Einbeziehung der Stakeholder*innen in den Bewertungsprozess wird nicht nur ihr Verständnis für Bedürfnisse und Erwartungen vertieft, sondern auch ihr Engagement gefördert. Da die Effekte auch von den beteiligten Stakeholder*innen definiert werden sollen und nicht nur vom Unternehmen selbst, gewähr-

leistet dieser Ansatz eine authentische und gültige Erfassung der Auswirkungen. Im Bereich des Impact Investing ist der SROI ebenfalls bedeutend, da er Investor*innen dabei hilft, den sozialen und ökologischen Wert ihrer Anlagen zu verstehen sowie Investments mit positiven gesellschaftlichen und umweltbezogenen Effekten zu unterstützen (Rauscher et al. 2012, S. 10 f.; Salverda 2021).

Zusammenfassend ist der SROI-Ansatz eine strukturierte Herangehensweise, um den sozialen Nutzen von Investitionen und Maßnahmen zu bewerten. Allerdings bestehen Schwierigkeiten bei der Anwendung dieses Modells, besonders für Startups.

Limitationen des SROI-Modells
Das Sammeln und Auswerten von Daten zur Quantifizierung sozialer Auswirkungen kann zeitaufwendig, kostspielig und besonders komplex sein. Die Beschaffung hochwertiger Daten ist oft eine Herausforderung, insbesondere bei der Bewertung langfristiger und nicht direkt monetärer Effekte. Die monetäre Bewertung von sozialen und ökologischen Auswirkungen beruht häufig auf subjektiven Einschätzungen und Annahmen, was zu unterschiedlichen und oft schwer vergleichbaren Ergebnissen zwischen verschiedenen Projekten führen kann. Es ist mit einer gewissen Unsicherheit verbunden, dass die berechneten Werte möglicherweise nicht die tatsächlichen Auswirkungen widerspiegeln und die Ergebnisse verfälscht werden. Obwohl Bestrebungen unternommen wurden, einheitliche Leitlinien und Standards für das SROI-Modell festzulegen, gibt es derzeit keine allgemein anerkannte Regelung (So und Staskevicius 2015, S. 21 f.). Kritiker*innen weisen darauf hin, dass SROI oft immaterielle Auswirkungen vernachlässigt, die schwer greifbar sind oder sich schwer quantifizieren lassen, vor allem durch den Fokus auf Monetarisierung. Die Durchführung einer umfassenden SROI-Bewertung erfordert Ressourcen, Zeit und Fachkenntnisse und kleinere Organisationen wie Startups können möglicherweise nicht über diese verfügen. Darüber hinaus ist das SROI-Modell nicht universell anwendbar: Insbesondere in Branchen, in denen nicht-finanzielle Effekte schwierig zu messen sind, ist die Anwendung begrenzt. Probleme können auch in Situationen auftreten, in denen keine Standardisierung vorgesehen ist, wie z. B. bei indirekten Auswirkungen, Ereignissen mit geringer Eintrittswahrscheinlichkeit, langfristigen Folgen oder Effekten in unklaren Wirkungsbereichen (Rauscher et al. 2012, S. 11).

Die genannten Herausforderungen erhöhen die Komplexität einer umfassenden Evaluierung sozialer und ökologischer Auswirkungen bei Startups. Eine präzise und transparente Vorgehensweise ist erforderlich, um zuverlässige Ergebnisse zu gewährleisten. Die Genauigkeit der SROI-Berechnung hängt stark von der Datenqualität, der Auswahl der Bewertungsmethodik und der angemessenen Berücksichtigung von Unsicherheiten ab. Fachkenntnisse (in den Bereichen Wirkungsanalyse und finanzielle Bewertung) sind oft unerlässlich und erfordern möglicherweise die Einbindung von Expert*innen – was zusätzliche Kosten verursachen und für Startups eine weitere Hürde darstellen könnte.

3.2.2 Impact Reporting and Investment Standards (IRIS)

Das IRIS-Modell, welches vom Global Impact Investing Network (GIIN) ins Leben gerufen wurde, ist ein Satz standardisierter Metriken und Leitlinien, der darauf abzielt, die sozialen Auswirkungen von Investitionen, insbesondere für Impact-Investor*innen, messbar und berichtbar zu machen. Es kombiniert Prinzipien aus verschiedenen etablierten Rahmenwerken wie der Global Reporting Initiative (GRI) und den International Financial Reporting Standards (IFRS) und wird kontinuierlich von einem breiten Netzwerk von Organisationen und Fachleuten weiterentwickelt. Die Hauptaufgabe von IRIS besteht darin, einheitliche Bewertungsgrundlagen und eine gemeinsame Sprachregelung zu schaffen, um Transparenz und Vergleichbarkeit bei der Darstellung sozialer und ökologischer Auswirkungen zu verbessern (GIIN 2019, S. 2 ff.).

Das IRIS-Instrument bietet eine Vielzahl von Metriken in unterschiedlichen Kategorien an, die eine breite Palette von Themen abdecken. Diese umfassen beispielsweise Arbeitsbedingungen, Einkommensverhältnisse und Gemeinschaftsentwicklung mit einem besonderen Schwerpunkt auf Sektoren wie Landwirtschaft, Bildung, Energie, Umwelt, Finanzdienstleistungen, Gesundheit sowie Wohnraum und Wasser. Durch diese Metriken ist es möglich, spezifische Daten von Unternehmen oder Projekten zu sammeln und zu quantifizieren. Dies wiederum ermöglicht Einblicke in die sozialen Auswirkungen der jeweiligen Geschäftstätigkeiten, Projekte oder Investitionen (Grünhaus und Rauscher 2021, S. 68 f.; GIIN 2023b).

Im Rahmen von IRIS werden Projekte oder Organisationen in eine detaillierte Berichtsstruktur integriert, die spezifische Informationen und Kennzahlen zu den folgenden Aspekten sammelt:

*   Beschreibung der Organisation (Organization Description)
*   Beschreibung des Produkts (Product Description)

- Beschreibung der finanziellen Situation (Financial Performance)
- Auswirkungen der operativen Geschäftstätigkeit (Operational Impact)
- Auswirkungen durch Produkte/Dienstleistungen (Product Impact)

Dennoch zielt IRIS nicht auf eine umfassende Wirkungsanalyse ab (Grünhaus und Rauscher 2021, S. 68 f.; GIIN 2023a, b, c). Stattdessen konzentriert sich die Initiative darauf, Vergleiche mit anderen Unternehmen oder Organisationen zu ermöglichen. IRIS fungiert dabei als ein Teil des gesamten Prozesses zur Messung von Impact und soll helfen, passende Metriken zu identifizieren, die dann durch weitere Bewertungssysteme ergänzt werden können. Es ist jedoch wichtig anzumerken, dass IRIS keine anderen Aspekte der Impactmessung behandelt, wie beispielsweise das Sammeln, Analysieren oder Überprüfen der erhobenen Daten (GIIN 2020, S. 6 f.). Dies ist in Tab. 3.2 und anhand des Beispiels einer IRIS-Analyse eines fiktiven Startups nochmals detaillierter beschrieben.

Tab. 3.2 Schritte des IRIS-Prozesses. (Eigene Darstellung)

Schritte	Beschreibung
Metrikenauswahl	Aus einer umfassenden Sammlung von über 600+ Metriken werden diejenigen ausgesucht, die auf das jeweilige Unternehmen oder das spezifische Projekt zutreffen und die wesentlichen Auswirkungen erfassen.
Datenbeschaffung	Erforderliche Daten werden gesammelt, ob spezifisch für das Unternehmen bzw. Projekt, durch interne Erfassung, Befragungen, Studien oder zusätzliche Ressourcen, um eine Quantifizierung der Auswirkungen zu ermöglichen.
Impactmessung	Mit den gesammelten Daten werden die Auswirkungen anhand der vorher bestimmten Metriken erfasst. Untersucht wird der Einfluss der Unternehmens- oder Projektaktivitäten auf die Zielgruppen und die breitere Gesellschaft.
Berichtswesen	Die Resultate der Impact-Analyse werden in einer klaren und transparenten Art und Weise an die Interessenvertreter*innen kommuniziert, wobei die Methoden und Annahmen offengelegt werden.
Stetiges Monitoring und Anpassung	Es erfolgt eine regelmäßige Überprüfung und Feinabstimmung der Impact-Bewertung. Rückmeldungen und Lernergebnisse tragen zur Verbesserung bei, und der Fortschritt wird kontinuierlich dokumentiert.

Beispiel einer IRIS-Analyse

Ein auf Nachhaltigkeit in der Textilproduktion spezialisiertes Startup strebt danach, den ökologischen Fußabdruck der Modeindustrie zu reduzieren und faire Arbeitsbedingungen in der Lieferkette zu fördern.

Auswahl relevanter Kennzahlen

Das Unternehmen entscheidet sich für Metriken aus der IRIS-Datenbank, die sowohl ökologische als auch soziale Aspekte seiner Aktivitäten erfassen. Diese umfassen Messgrößen zur Erfassung des Wasserverbrauchs, der CO_2-Emissionen, der Anzahl fair entlohnter Arbeitskräfte und zur Transparenz in der Lieferkette.

Datenerhebung

Das Startup sammelt Daten zu seinen Produktionsprozessen, einschließlich des Wasserverbrauchs pro hergestellter Textileinheit, den CO_2-Emissionen durch Transport und Produktion sowie den Arbeitsbedingungen der Mitarbeiter*innen in den Fabriken.

Messung der Auswirkungen

Anhand der ausgewählten Metriken bewertet das Startup die Auswirkungen seiner Bemühungen. Es stellt beispielsweise fest, dass es den Wasserverbrauch im Vergleich zum Branchendurchschnitt um 30 % senken konnte und die Emissionen dank erneuerbarer Energien halbiert wurden.

Berichterstattung und Kommunikation

Die Ergebnisse werden in einem Impact-Report zusammengefasst und Investor*innen sowie Kund*innen präsentiert. Darin werden die Methodik und zugrunde liegenden Annahmen detailliert beschrieben.

Kontinuierliches Monitoring und Verbesserung

Basierend auf den erfassten Daten erfolgt eine kontinuierliche Überwachung und Verbesserung. Aufgrund des Feedbacks von Kund*innen und Investor*innen ergreift das Startup weitere Maßnahmen, um seine Abläufe weiter zu verbessern und den ökologischen Fußabdruck noch stärker zu reduzieren.

Stärken des IRIS-Modells

Der IRIS-Ansatz bietet Kennzahlen und klare Definitionen, um Auswirkungen einheitlich zu messen und den Vergleich zwischen verschiedenen Initiativen und Unternehmen zu erleichtern. Dies trägt zur Schaffung von Standards bei. Mit einer Vielzahl von Metriken ermöglicht IRIS-Organisationen, insbesondere Startups, jene Auswahl, die ihre spezifischen Ziele und Aktivitäten am besten widerspiegeln (Gelfand 2012). IRIS fördert dabei auch Transparenz von Daten und Methoden. Unternehmen und Institutionen können ihre Wirkungen mithilfe standardisierter Metriken auf eine transparente und vergleichbare Weise darstellen, was insbesondere für Investor*innen und Förderinstitutionen relevant ist. IRIS ermöglicht es Startups, ihre gesellschaftlichen Beiträge und Fortschritte überzeugend nachzuweisen. Dies kann potenzielle Risikokapitalgeber*innen anziehen, die an nachhaltigen Geschäftspraktiken interessiert sind. Zusätzlich erleichtert es Impact-Investor*innen den Vergleich ihrer Investitionen innerhalb ihres Portfolios (GIIN 2020, S. 9). Startups verfügen oft über unterschiedliche Finanzierungsquellen und müssen gegenüber mehreren Geldgeber*innen Rechenschaft ablegen. Die Verwendung einheitlicher und anerkannter Metriken kann daher das Reporting erleichtern (So und Staskevicius 2015, S. 29).

IRIS und die dazugehörigen Metriken werden regelmäßig aktualisiert und erweitert. Es werden neue Kategorien eingeführt, die den sich wandelnden Anforderungen im Bereich des Impact Investing und der Wirkungsmessung entsprechen. IRIS+ stellt eine solche Weiterentwicklung des ursprünglichen IRIS-Frameworks dar, das auf der bewährten Standardisierung von IRIS aufbaut und sowohl den Anwendungsbereich als auch die Analysetiefe erweitert. IRIS+ ist nicht nur umfassender gestaltet, sondern zielt darauf ab, soziale und ökologische Kriterien noch stärker in den Investitionsprozess einzubeziehen (GIIN 2023c).

Das IRIS-Framework hat sich als wichtiges Instrument im Bereich des Impact Investing etabliert, sowohl für Investor*innen als auch für Förderorganisationen, gemeinnützige Organisationen sowie Unternehmen, deren Ziel es ist, standardisierte Metriken zur Auswahl, zur Messung sozialer Auswirkungen und zum Vergleich mit anderen sowie zur Berichterstattung zu nutzen. Durch Förderung von Transparenz und Vergleichbarkeit trägt IRIS dazu bei, das Bewusstsein für unternehmerische Sozialverantwortung zu stärken und die Entwicklung des Marktes für Impact Investing voranzutreiben.

Limitationen des IRIS-Modells
Obwohl das IRIS-Framework als nützliches Instrument zur Erfassung sozialer und ökologischer Auswirkungen anerkannt wird, gibt es bestimmte Schwächen, die insbesondere für Startups (in der Gründungsphase) relevant sind. Eine dieser Herausforderungen besteht darin, dass das IRIS-Framework eine umfassende Datensammlung und -auswertung erfordert, was für Startups mit begrenzten Ressourcen, begrenztem Fachwissen und Kapazitäten eine große Hürde darstellen kann. Die effektive Nutzung von IRIS erfordert Zeitinvestitionen sowie spezielle Kenntnisse und finanzielle Ressourcen (So und Staskevicius 2015, S. 40).

Insbesondere für junge Startups, die möglicherweise noch keine umfangreichen Datensätze gesammelt haben oder deren Geschäftsmodelle noch in der Entwicklungsphase stecken, gestaltet sich die Messung des Impacts als komplex. In diesem Zusammenhang könnte das IRIS-Framework möglicherweise nicht ausreichend an die speziellen Anforderungen und sich ändernden Umstände junger Unternehmen angepasst sein, da die zugrunde liegenden Metriken und Rahmenbedingungen bei frühphasigen Startups kontinuierlich im Wandel sind. IRIS zielt im Allgemeinen auf Standardisierung ab, um Vergleichbarkeit und Einheitlichkeit zu gewährleisten. Startups sind allerdings oft durch ihre innovativen Geschäftsansätze und spezifischen Ziele geprägt, die möglicherweise nicht immer von standardisierten IRIS-Metriken erfasst werden können. Dies kann dazu führen, dass die tatsächlichen sozialen und ökologischen Auswirkungen eines Startups nicht vollständig aufgelistet und entsprechend dargestellt werden (Grünhaus und Rauscher 2021, S. 58 f.).

Die Implementierung des IRIS-Modells kann für Startups kostspielig sein, insbesondere im Hinblick auf die Datenerfassung und -analyse. In der Regel stehen Startups vor der Herausforderung zu entscheiden, ob der Nutzen der Impact-Messung die Kosten und den Aufwand rechtfertigt. Dies trifft besonders in einer Phase des frühen Wachstums zu, in der möglicherweise andere Prioritäten Vorrang haben (Pacher 2021). Die umfassende und detaillierte Datenanalyse, die durch das IRIS-Tool erforderlich ist, kann zeitaufwendig sein und Ressourcen von anderen wichtigen Aspekten abziehen. Startups müssen abwägen, wie viel Zeit und Energie sie in die Impact-Messung investieren können, ohne ihre laufenden Aktivitäten zu gefährden. Des Weiteren sollte das Geschäftsmodell des Startups vor Anwendung des IRIS-Modells bereits ausgereift sein, damit eine gewisse Vergleichbarkeit der Impact-Entwicklung gegeben ist.

Eine weitere Schwäche des IRIS-Modells liegt darin, dass es sich ausschließlich als eine Komponente innerhalb des Gesamtkontextes der Impact-Messung versteht. IRIS hat zum Ziel, angemessene Metriken zu identifizieren, die zusammen mit anderen Impact-Frameworks genutzt werden sollen. Das Modell konzentriert sich dabei auf die Auswahl von Metriken und lässt andere wesentliche Aspekte bei der Erstellung einer umfassenden Impact-Messung außer Acht, einschließlich Datenerfassung, -analyse oder -validierung der resultierenden Daten (GIIN 2020, S. 6 f.). Diese Begrenzung kann zu einer unvollständigen Darstellung tatsächlicher Auswirkungen führen und erfordert daher zusätzliche Ansätze und Werkzeuge zur Gewährleistung einer umfassenden und präzisen Messung von Auswirkungen.

Trotz potenzieller Nachteile kann die Anwendung der IRIS-Methode für Startups dennoch wertvolle Einsichten in ihre sozialen und ökologischen Auswirkungen liefern. Es kann dazu beitragen, ihre Mission und Nachhaltigkeitsziele zu kommunizieren und langfristig zu optimieren, indem passende Metriken bereitgestellt werden. Es ist entscheidend, die individuellen Bedürfnisse und Möglichkeiten jedes Startups sorgfältig zu berücksichtigen, um den optimalen Ansatz für die Erfassung des Impacts zu finden.

3.2.3 Wirkungslogiken

Verschiedene Methoden zur Darstellung von Ursache-Wirkung-Zusammenhängen und (folglich auch Social Impact), wie das Input-Output-Outcome-Impact-Modell, die Theory of Change und logische Modelle (logic model) dienen dazu, die Funktionsweise eines Projekts auf eine schematische und vereinfachte Weise darzustellen (Kurz und Kubek 2021, S. 34 f.).

- **Input-Output-Outcome-Impact-Modell (IOOI-Modell):** Dieses Modell bietet einen Rahmen, der von den eingesetzten Ressourcen (Inputs) über die direkten Ergebnisse (Outputs) und resultierenden Veränderungen (Outcomes) bis hin zu langfristigen Auswirkungen (Impact) reicht. Es verdeutlicht die zeitliche Abfolge und Kausalbeziehungen, erleichtert das Verfolgen des gesamten Wirkungsprozesses und betont die Abfolge der Ereignisse sowie deren Ursache-Wirkung-Zusammenhänge (Riess 2010,13 f.).
- **Theory of Change (ToC):** Die ToC bietet einen systematischen Überblick über die zugrunde liegenden Annahmen, die dazu führen sollen, dass ein Projekt, eine Initiative oder eine Intervention ihre angestrebten langfristigen Auswirkungen erreicht. Sie zielt darauf ab, eine logische und fundierte Verbindung zwischen den Aktivitäten, den Zwischenergebnissen und den endgültigen Auswirkungen darzulegen. Oft wird die ToC visuell dargestellt und umfasst entscheidende Schritte oder Meilensteine für das Erreichen der beabsichtigten Veränderungen (Grünhaus und Rauscher 2021, S. 21).
- **Logic Model:** Ein Logikmodell ähnelt einer ToC, wird jedoch meist in einer linearen oder hierarchischen Form präsentiert. Es beschreibt klar und strukturiert die Verbindungen zwischen Inputs, Outputs, Outcomes und Impact. Das Modell betont die kausalen Beziehungen zwischen den Elementen und deren Zusammenspiel zur Erreichung der gewünschten Ergebnisse (Grünhaus und Rauscher 2021, S. 70).

Der entscheidende Unterschied zwischen diesen Konzepten liegt in ihrer jeweiligen Schwerpunktsetzung: Während das IOOI-Modell den Weg von den Inputs bis zum Impact im Laufe der Zeit betrachtet, konzentriert sich die ToC auf das Zusammenspiel der verschiedenen Elemente zur Erzielung langfristiger Veränderungen. Das logische Modell (siehe Abb. 3.1) hingegen legt seinen Fokus auf den kausalen Zusammenhang der verschiedenen Komponenten in einer strukturierten Übersicht. Je nach spezifischen Bedürfnissen und Zielen können diese Ansätze flexibel angewendet werden.

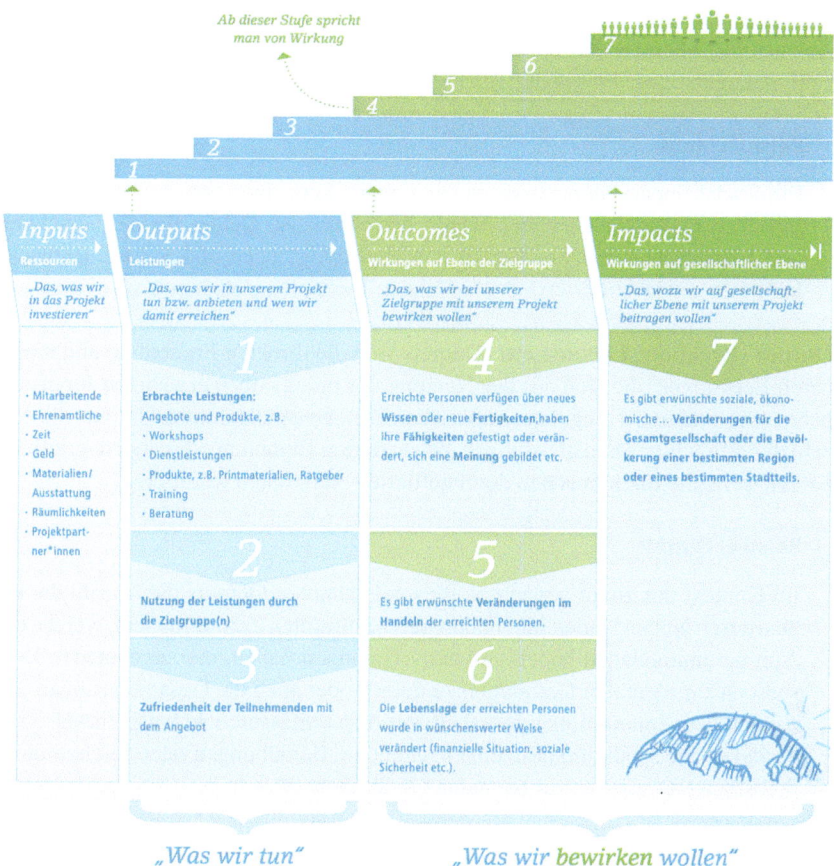

Abb. 3.1 Wirkungslogik in Form des sogenannten logischen Modells (Logic Model). (Kurz und Kubek 2021, S. 35)

Das Konzept der Wirkungslogik dient als Rahmen, um die verschiedenen Phasen bei der Analyse der Auswirkungen sozialer Initiativen oder geschäftlicher Aktivitäten darzustellen. Es ermöglicht ein systematisches Verständnis und die Überwachung der Fortschritte und Effekte, die durch bestimmte Maßnahmen erzielt werden (Kurz und Kubek 2021, S. 35 ff.; Riess 2010, S. 20 f.):

Input (Einsatz; Ressourcen) Unter dem Begriff Input versteht man die Ressourcen, die einem Projekt oder einer Unternehmung zugeführt werden, um spezifische

Tätigkeiten auszuführen. Dazu gehören finanzielle Mittel, Personal, technische Ausrüstung, Materialien und ähnliches, die als Ausgangspunkt für alle weiteren Unternehmens- oder Projektaktivitäten dienen.

Beispiel Input

Ein Social Impact-Startup, das an der Entwicklung einer App zur Förderung der mentalen Gesundheit arbeitet, würde beispielsweise Gelder für die Forschung und Entwicklung, die Einstellung von Psycholog*innen und Softwareentwickler*innen sowie den Erwerb der benötigten Technologie als Inputs verwenden. ◀

Output (Ergebnis, Leistungen) Outputs sind die direkten Ergebnisse und messbaren Leistungen, die sich aus der Nutzung der bereits oben erwähnten Inputs ergeben. Sie sind in der Regel quantifizierbar. Zum Beispiel könnten Outputs die Anzahl der erbrachten Dienstleistungen, produzierten Einheiten oder andere greifbare Effekte sein, die direkt aus den durchgeführten Aktivitäten resultieren.

Beispiel Output

Im Kontext des zuvor genannten Beispiels könnten Outputs die Anzahl der registrierten Nutzer*innen innerhalb eines bestimmten Zeitraums sein, welche die App heruntergeladen haben und aktiv begonnen haben, die angebotenen Ressourcen zur mentalen Gesundheit zu nutzen oder auch die Gesamtanzahl an Sitzungen bzw. Interaktionen innerhalb der App umfassen, wie beispielsweise abgeschlossene Meditationssitzungen, genutzte Atemübungen oder durchgeführte Selbstbewertungstests zur mentalen Gesundheit. ◀

Outcome (Wirkung) Outcomes beziehen sich auf die direkten Veränderungen oder Effekte, die durch die Ergebnisse erzielt werden, wie zum Beispiel Verhaltensänderungen, Erweiterung des Wissens, Steigerung des Bewusstseins oder Verbesserung der Lebensbedingungen der Zielgruppe. Diese Änderungen kennzeichnen eine primäre Ebene der Auswirkungen, die normalerweise noch nicht finanziell quantifiziert sind.

Beispiel Outcome

Outcomes könnten (im oben genannten Beispiel) die Ergebnisse einer verbesserten mentalen Gesundheit der Nutzer*innen umfassen, eine Reduzierung von Stress und Angstzuständen durch die Nutzung der App oder ein gesteigertes allgemeines Bewusstsein und Wissen über Fragen zur mentalen Gesundheit. ◀

Impact (Gesamtwirkung) Impact umfasst die langfristigen und umfassenden Effekte, die sich als Resultat der erzielten Outcomes ergeben. Sie spiegeln bedeutende Veränderungen in der Gesellschaft, der Umwelt oder innerhalb der spezifischen Zielgruppe wider, die durch die Maßnahmen des Projekts (bzw. Unternehmen) ausgelöst wurden. Die Erfassung von Impact ist oft komplexer und bezieht sich auf verschiedene Bereiche wie soziale, wirtschaftliche und Umweltdimensionen.

Beispiel Impact

Im obigen Kontext könnte Impact eine (messbare) Verringerung von Langzeitfolgen psychischer Erkrankungen in der Gesellschaft, eine Steigerung der allgemeinen Produktivität und Lebensqualität durch verbesserte mentale Gesundheitszustände und/oder eine signifikante Reduktion von gesellschaftlichen Kosten, die durch unbehandelte mentale Gesundheitsprobleme entstehen, darstellen. ◄

Die Wirkungslogik kann dabei helfen, den Ablauf von den ursprünglich eingesetzten Maßnahmen bis zu den langfristigen Folgen zu dokumentieren und zu verstehen. Sie liefert einen strukturierten Überblick über den Fortschritt und die Leistungen von Initiativen oder Unternehmen im gesellschaftlichen Gesamtkontext.

Die Analyse des Impacts innerhalb der Wirkungslogik erfolgt auf verschiedenen Ebenen, wobei jede Ebene spezifische Techniken und Herangehensweisen erfordert (Kurz und Kubek 2021, S. 50, Riess 2010, S. 36):

Output-Ebene Die Erfassung auf der Ebene der Ergebnisse erfolgt hauptsächlich quantitativ und konzentriert sich auf die unmittelbaren Resultate. Messgrößen könnten beispielsweise die Anzahl hergestellter Produkte oder die Anzahl neu geschaffener Arbeitsplätze sein. Diese Messgrößen lassen sich vergleichsweise einfach ermitteln und stehen in direktem Zusammenhang mit den durchgeführten Aktivitäten.

Outcome-Ebene Die Erfassung auf der Outcome-Ebene konzentriert sich auf die Veränderungen, die aus den erbrachten Outputs resultieren. Solche Resultate können sich als Verhaltensmodifikationen, Zuwachs von Wissen oder als verbesserte allgemeine Zustände für die Zielgruppe manifestieren. Zur Quantifizierung des Einflusses auf die Zielgruppe, können Methoden wie Umfragen, Interviews, Beobachtungen und weitere qualitative sowie quantitative Ansätze herangezogen werden.

Impact-Ebene Auf der Impact-Ebene liegt der Fokus auf den dauerhaften und weitreichenden Folgen, die sich aus den erzielten Outcomes ergeben. Die Erfassung dieser Ebene ist oft herausfordernd, da sie bedeutende soziale, wirtschaftliche oder umweltbezogene Veränderungen einschließt. Zur Bewertung der langfristigen Auswirkungen können zusammengefasste Daten, Trendanalysen, wissenschaftliche Untersuchungen oder der Vergleich mit ursprünglichen Zuständen (z. B. vor dem Projektbeginn) herangezogen werden.

Die Beurteilung des Impacts erfordert auf jeder Ebene spezifische Techniken und Ansätze. Je nach Unternehmen, Initiative, Zielgruppe und den beabsichtigten Effekten sind verschiedene Datenquellen und Bewertungsinstrumente erforderlich. Die Kombination von qualitativen und quantitativen Methoden bietet oft eine umfassendere Sichtweise auf die tatsächlichen Auswirkungen in allen Bereichen.

Stärken von Wirkungslogiken
Die Verwendung von Wirkungslogiken bietet Startups die Möglichkeit, ihre Ziele, Handlungen und erwarteten Ergebnisse auf klare und systematische Weise darzustellen. Diese Klarheit verbessert die interne und externe Kommunikation, sei es innerhalb des Teams, gegenüber Investor*innen oder anderen Interessengruppen. Startups werden dazu angeregt, die kausalen Zusammenhänge zwischen ihren Aktivitäten, den resultierenden Ergebnissen und den langfristigen Auswirkungen (Impact) durchzudenken, was zu einem tieferen Verständnis von Ursache und Wirkung führt. Dies fördert einerseits eine intensive Auseinandersetzung mit den eigenen Einflüssen und unterstützt andererseits die strategische Planung sowie die Umsetzung relevanter gesellschaftlicher Maßnahmen. Durch eine präzise ausgearbeitete Wirkungslogik können Startups ihre Mission, Strategien und potenzielle Auswirkungen offenlegen, was besonders für die Überzeugung von Investor*innen und Kund*innen sowie für den Aufbau von Vertrauen bei den Stakeholder*innen entscheidend ist (So und Staskevicius 2015, S. 29). Zusätzlich unterstützen Wirkungslogiken Startups dabei, sich auf wichtige Aktivitäten und Ergebnisse zu konzentrieren, die entscheidend für die Verwirklichung ihrer langfristigen Ziele und Mission sind. Dies erleichtert die Zuweisung der oft begrenzten Ressourcen und hilft bei der Priorisierung. Durch regelmäßige Verbesserungen bieten Wirkungslogiken die Möglichkeit, strategische Anpassungen vorzunehmen, um den aktuellen Entwicklungen gerecht zu werden (Sopact 2023). Eine gut durchdachte Wirkungslogik legt klare Impact-Indikatoren fest, um Ergebnisse und Effekte zu monitoren. So kann der Fortschritt kontinuierlich verfolgt, die Auswirkungen bewertet und die Wirksamkeit der Initiativen geprüft werden. Für Investor*innen, die Unternehmen mit Social Impact zunehmend priorisieren, kann eine überzeugende und aussagekräftige Wirkungslogik ein entscheidender Faktor für ihre Investitionsentscheidung sein (So und Staskevicius 2015, S. 29). Insgesamt bieten Wirkungslogiken eine strukturierte Methode, um gesellschaftliche Ziele zu definieren, Strategien auszurichten und (langfristige) Auswirkungen

zu messen. Sie können dabei helfen, Transparenz zu fördern, strategisches Denken zu entwickeln und die Fähigkeit zu stärken, den sozialen und ökologischen Mehrwert eines Unternehmens nach außen hin darzustellen.

Limitationen von Wirkungslogiken

Obwohl die Verwendung von Wirkungslogiken für Startups viele Vorteile bieten kann, sind auch einige Nachteile zu beachten, besonders in den frühen Entwicklungsphasen (Forti 2012; Rogers 2014, S. 11 ff.):

Eine detaillierte Ausarbeitung einer Wirkungslogik könnte dazu führen, dass sich Startups zu stark auf konkrete Ziele und Kennzahlen fokussieren. Dies könnte die Flexibilität und Anpassungsfähigkeit des Unternehmens einschränken, was jedoch zu den wesentlichen Stärken von Startups zählt. Eine schnelle Anpassung an veränderte Bedingungen erfordert Offenheit für neue Strategien und Optionen. Die Erstellung einer umfassenden Wirkungslogik erfordert zudem Zeit, Ressourcen und Fachwissen, analog zu anderen Impact-Messmodellen. Dies stellt insbesondere in den frühen Phasen eine Herausforderung dar, da Startups oft mit begrenzten Mitteln arbeiten müssen. Zusätzlich können die Erfassung und Analyse der Ergebnisse und ihrer Auswirkungen bei komplexen sozialen und ökologischen Themen schwierig sein. Die Datenerhebung und -verarbeitung kann ebenso sehr zeitaufwendig sein.

In der Anfangsphase haben Startups oft mit vielen Unsicherheiten zu kämpfen und verfügen nur über begrenzte Daten. Die Annahmen, die bei der Erstellung einer Wirkungslogik getroffen werden, können daher ungenau sein und falsche Erwartungen bei Mitarbeiter*innen, Investor*innen, Kund*innen oder anderen Geschäftspartner*innen wecken. Eine zu komplizierte Wirkungslogik könnte auch zu Verwirrung oder Unsicherheit führen, sowohl im Team als auch bei den Stakeholder*innen, besonders wenn die Zusammenhänge von Ursache und Wirkung nicht klar kommuniziert werden. Die Herausforderung besteht darin, eine klare und überzeugende Wirkungslogik detailliert darzustellen, insbesondere gegenüber externen Personen.

Es ist wichtig für Startups, sich dieser potenziellen Schwächen bewusst zu sein und in den frühen Entwicklungsphasen eine Balance zwischen gezielter Planung und notwendiger Anpassungsfähigkeit anzustreben.

3.3   SDG-basiertes Impact-Messmodell

Die Bewältigung der Herausforderungen bei der Erfassung des sozialen Impacts von Startups ist eine vielschichtige und anspruchsvolle Aufgabe (siehe dazu auch Abschn. 3.4). Ein neu entwickeltes, vereinfachtes Modell zur Impact-Messung für

Startups sollte daher darauf abzielen, diese Herausforderungen zu lösen oder zu
lindern, indem es eine effektive, anwendungsbezogene und dennoch aussagekräftige Erfassung des sozialen Impacts ermöglicht und die Vergleichbarkeit unter
Social Impact Startups fördert. Ein Bewertungssystem, das auf den Zielen für
nachhaltige Entwicklung (SDGs) basiert, könnte eine passende Lösung für die Bewertung und Kommunikation des sozialen und ökologischen Impacts bieten. Die
SDGs finden weltweite Anwendung und können daher auch von Startups, Investor*innen und anderen Beteiligten wie Mitarbeitenden, Kund*innen oder Zuliefe-
rer*innen global nachvollzogen werden. Sie liefern eine einheitliche Struktur mit
bereits definierten Zielen und Indikatoren. Startups können diesen Rahmen nutzen,
um ihren Impact geordnet und methodisch zu erfassen und zu kommunizieren.
Durch die Standardisierung der SDGs wird ein aussagekräftiger Vergleich zwischen verschiedenen Startups oder sogar ganzen Sektoren möglich. Dies kann
Startups das Benchmarking mit anderen Unternehmen erleichtern und ermöglicht
es Außenstehenden, wie beispielsweise Förderstellen und Investor*innen, den rela-
tiven Impact verschiedener Investitionsmöglichkeiten zu beurteilen. Die Auswahl
eines anerkannten Rahmens wie den SDGs kann die Glaubwürdigkeit des Startups
und der Impact-Messung generell erhöhen, indem er sich an internationalen Standards ausrichtet.

Das nachfolgend erläuterte Bewertungssystem zur Messung des Impacts betont
auch die Wichtigkeit kontinuierlicher Optimierung und Flexibilität, denn langfristig kann dies dazu beitragen, eine fundierte Impact-Kultur im Startup zu fördern
und den gesellschaftlichen Nutzen sowie den unternehmerischen Erfolg zu unterstützen. Richtig angewendet, wird die Transparenz in Bezug auf die Unternehmens-
aktivitäten und deren Auswirkungen verbessert, wodurch das Vertrauen von Investor*innen, Kund*innen und anderen Interessengruppen gestärkt werden kann.
Viele Impact-Investor*innen oder öffentliche Förderprogramme suchen gezielt
nach Investments, die bestimmte SDGs adressieren. Ein Bewertungssystem, das
auf den SDGs basiert, ermöglicht es Startups daher, gezielt Impact-Investor*innen
anzusprechen und ihre Relevanz für bestimmte Nachhaltigkeitsziele zu betonen.
Die Ausrichtung an den SDGs signalisiert langfristiges und strategisches Denken,
was ebenfalls für Investor*innen von Interesse sein könnte.

Insgesamt bietet ein SDG-basiertes Impact-Bewertungssystem eine robuste,
glaubwürdige und praktische Methode für Startups, ihren sozialen und ökologischen Impact zu messen und zu kommunizieren. Es kann dabei helfen, sich von
der Konkurrenz abzuheben und attraktiver für Impact-Investor*innen zu werden.
In den folgenden Kapiteln wird das neu entwickelte SDG-basierte Impact-
Messmodell für Startups näher vorgestellt.

3.3.1   Prinzipien

Das vereinfachte Impact-Messmodell für impact-orientierte Startups stützt sich auf den im Kasten beschriebenen Prinzipien.

Prinzipien eines vereinfachten Impact-Messmodells für impact-orientierte Startups

1. **SDG-Auswahl:**
   - Jedes Startup identifiziert jene SDGs (max. 3 insgesamt), die am relevantesten für seine Geschäftstätigkeit und seinen Impact sind.
   - Die Auswahl sollte auf der Grundlage der Kerngeschäftstätigkeit, der Zielgruppe und der geografischen Lage des Startups getroffen werden.

2. **Indikatoren:**
   - Zu jedem ausgewählten SDG werden spezifische Fragen gestellt. Beispielsweise:

   SDG 1: Keine Armut
   - Hat Ihr Startup Initiativen oder Produkte/Dienstleistungen, die direkt dazu beitragen, Armut zu reduzieren?
   - Wenn ja, geben Sie bitte eine kurze Beschreibung dieser Initiativen oder Produkte/Dienstleistungen an und erläutern Sie, wie diese konkret zur Armutsbekämpfung beigetragen haben.
   - Outcome: Welche unmittelbaren, kurzfristigen Ergebnisse oder Veränderungen haben Ihre Aktivitäten im letzten Jahr erzielt? Bitte geben Sie spezifische Zahlen oder Beispiele an.
   - Impact: Welche langfristigen Veränderungen (die auch indirekt und auf eine breitere Gemeinschaft oder Umwelt einwirken) haben Sie durch Ihre Aktivitäten beobachtet oder erwarten Sie? Bitte beschreiben Sie die Auswirkungen auf Ihre Zielgruppe oder Umwelt.

3. **Bewertung**
   - Startups füllen einen vorgefertigten Fragebogen aus, anhand dessen sich ihr Impact ableiten lässt.
   - Startups werden anhand eines vorgegebenen Bewertungsschema beurteilt.

4. **Transparenz für Impact-Investor*innen und Stakeholder*innen:**
   - Die Gesamtpunktzahl sowie die Punkteverteilung für jedes SDG sollte von den Startups (in einem best-case Szenario) veröffentlicht werden.

- Dies ermöglicht es Impact-Investor*innen, Förderungsagenturen, etc. die Performance verschiedener Startups in Bezug auf die SDGs und ihren Impact miteinander vergleichen und fundierte Investitionsentscheidungen treffen zu können.

5. **Regelmäßige Überprüfung:**
   - Die Impact-Messung sollte regelmäßig (z. B. jährlich) durchgeführt werden, um sicherzustellen, dass die Ergebnisse relevant bleiben und die neuesten Entwicklungen in Bezug auf die Geschäftstätigkeit berücksichtigt werden.

Die Implementierung dieses Bewertungssystems erlaubt es Startups, ihre soziale Wirkung in einer strukturierten und standardisierten Weise zu messen. Zudem dient es Impact-Investor*innen, Förderinstitutionen und anderen Interessengruppen als einheitliche und transparente Grundlage zur Bewertung und dem Vergleich von Startups.

3.3.2 SDG-basierter Impact-Fragebogen

Der standardisierte Fragebogen, der auf den zuvor ausgewählten SDGs und den zugehörigen Indikatoren basiert, ist dabei folgendermaßen strukturiert (Auswahl mit drei beispielhaften SDGs) und kann je nach den spezifischen Bedürfnissen und Schwerpunkten des Startups angepasst werden. Der Fokus liegt darauf, klare und messbare Kennzahlen für jedes SDG festzulegen, während gleichzeitig qualitative Daten gesammelt werden, die tiefere Einblicke in die Auswirkungen des Startups ermöglichen.

SDG-basierter Impact-Fragebogen (mit drei beispielhaften SDGs)
1. **Allgemeine Informationen:**
   - Name des Startups:
   - Gründungsjahr:
   - Branche/Sektor:
   - Haupttätigkeitsbereich:
   - Website:

2. **Gesellschaftliche Herausforderungen:**
   - Welche gesellschaftlichen Herausforderungen oder Probleme adressiert Ihr Startup?
   - Welcher gesellschaftliche Mehrwert (Social Impact) wird dadurch geschaffen bzw. zu welchen gesellschaftlichen Entwicklungen trägt Ihr Startup bei?
   (max. 500 Wörter)

3. **Zielgruppenidentifikation:**
   - Welche direkten Zielgruppen profitieren von den Lösungen Ihres Startups?
   - Welche indirekten Zielgruppen profitieren von den Lösungen Ihres Startups? *(max. 500 Wörter)*

4. **Negative Auswirkungen/Risiken:**
   - Welche negativen Auswirkungen verursachen Sie mit Ihrem Startup?
   - Wie versuchen Sie, diese negativen Auswirkungen zu minimieren oder auszugleichen?
   (max. 500 Wörter)

5. **Deadweight:**
   - Bitte beschreiben Sie, inwieweit die (evtl. bereits beobachteten) gesellschaftlichen Veränderungen tatsächlich auf Ihre eigenen Aktivitäten zurückzuführen sind und nicht auf bereits bestehende Trends, die auch ohne Ihre Aktivitäten stattgefunden hätten?
   (max. 200 Wörter)

6. **SDG 1: Keine Armut**
   - Hat Ihr Startup Initiativen oder Produkte/Dienstleistungen, die direkt dazu beitragen, Armut zu reduzieren?
     - Ja
     - Nein
     Wenn ja, geben Sie bitte eine kurze Beschreibung dieser Initiativen oder Produkte/Dienstleistungen an und erläutern Sie, wie diese konkret zur Armutsbekämpfung beigetragen haben.
   - **Outcome:** Welche unmittelbaren, kurzfristigen Ergebnisse oder Veränderungen haben Ihre Aktivitäten im letzten Jahr erzielt? Bitte geben Sie spezifische Zahlen oder Beispiele an.
   - **Impact:** Welche langfristigen Veränderungen (die auch indirekt und auf eine breitere Gemeinschaft oder Umwelt einwirken) haben Sie durch Ihre Aktivitäten beobachtet oder erwarten Sie? Bitte beschreiben Sie die Auswirkungen auf Ihre Zielgruppe oder Umwelt. *(max. 500 Wörter)*

7. **SDG 3: Gesundheit und Wohlergehen**
- Bietet Ihr Startup gesundheitsbezogene Produkte oder Dienstleistungen an?
  - Ja
  - Nein

  Wenn ja, geben Sie bitte eine kurze Beschreibung dieser Initiativen oder Produkte/Dienstleistungen an und erläutern Sie, wie diese konkret zu mehr Gesundheit und Wohlergehen beigetragen haben.
- **Outcome:** Welche direkten Ergebnisse haben Ihre Initiativen im letzten Jahr erzielt? Bitte geben Sie spezifische Zahlen oder Beispiele an.
- **Impact:** Welche langfristigen Veränderungen (die auch indirekt und auf eine breitere Gemeinschaft oder Umwelt einwirken) haben Sie durch Ihre Aktivitäten beobachtet oder erwarten Sie? Bitte beschreiben Sie die Auswirkungen auf Ihre Zielgruppe oder die Umwelt. (*max. 500 Wörter*)

8. **SDG 12: Nachhaltige/r Konsum und Produktion**
- Hat Ihr Startup Initiativen oder Produkte/Dienstleistungen, die zu nachhaltigem Konsum oder nachhaltiger Produktion führen?
  - Ja
  - Nein

  Wenn ja, geben Sie bitte eine kurze Beschreibung dieser Initiativen oder Produkte/Dienstleistungen an und erläutern Sie, wie diese konkret zu nachhaltigem Konsum bzw. nachhaltiger Produktion beigetragen haben.
- **Outcome:** Welche direkten Ergebnisse haben Ihre Initiativen im letzten Jahr erzielt? Bitte geben Sie spezifische Zahlen oder Beispiele an.
- **Impact:** Welche langfristigen Veränderungen (die auch indirekt und auf eine breitere Gemeinschaft oder Umwelt einwirken) haben Sie durch Ihre Aktivitäten beobachtet oder erwarten Sie? Bitte beschreiben Sie die Auswirkungen auf Ihre Zielgruppe oder die Umwelt. (*max. 500 Wörter*)

Abschließende Fragen:

9. **Datenbeschaffung:**
- Welche Methoden verwenden Sie, um Daten zu sammeln? (*max. 200 Wörter*)

10. **Verantwortlichkeiten:**
    - Wer ist innerhalb Ihres Startups für das Impact-Measurement verantwortlich?
    (max. 200 Wörter)

11. **Datenanalyse und Berichterstattung:**
    - Wie oft überprüfen/aktualisieren Sie Ihre Impact-Daten?
    - In welchem Format präsentieren und/oder veröffentlichen Sie Ihre Ergebnisse? *(max. 200 Wörter)*

12. **Lernprozess & kontinuierliche Verbesserung:**
    - Welche Erkenntnisse haben Sie aus Ihren bisherigen Mess-ergebnissen gewonnen?
    - Wie haben Sie Ihre Geschäftstätigkeit oder Strategien basierend auf diesen Erkenntnissen angepasst?
    - Wie passen Sie Ihre Impact-Messung an Veränderungen in Ihrem Geschäftsmodell oder Ihren Zielen an?
    (max. 500 Wörter)

13. **Schnittstellen mit Stakeholder*innen:**
    - Wie informieren Sie Ihre Stakeholder*innen (z. B. Mitarbeiter*innen, Lieferant*innen, Investor*innen, etc.) über Ihren sozialen Impact?
    - Wie stellen Sie sicher, dass Ihre Impact-Messung den Erwartungen Ihrer Stakeholder*innen entspricht?
    (max. 200 Wörter)

3.3.3 Bewertungskriterien

Das dazugehörige Bewertungssystem für den SDG-basierten Impact-Fragebogen ist in der folgenden Overview-Box näher definiert. Um sicherzustellen, dass Start-ups, die sich auf weniger SDGs konzentrieren, aber dennoch einen bedeutsamen oder tiefergehenden Impact haben, nicht benachteiligt werden, wurde das Bewertungssystem so angepasst, dass es nur den tatsächlichen Impact und nicht nur die Anzahl der behandelten SDGs bewertet.

Die Integration folgender Elemente führt zudem zu einem fairen und vor allem, holistischen Impact-Bewertungssystem

Bewertungskritierien

1. **Gesellschaftliche Herausforderungen (max. 20 Punkte)**
   Identifizierung und Relevanz der Herausforderung (max. 10 Punkte)
   - Relevanz und Signifikanz der gesellschaftlichen Herausforderung (0–5 Punkte).
   - Bedeutung und Dringlichkeit der Herausforderung im Kontext der Branche und Gesellschaft (0–5 Punkte).
   Social Impact (max. 10 Punkte)
   - Qualität und Klarheit, wie das Startup zum gesellschaftlichen Mehrwert beiträgt (0–10 Punkte).

2. **Zielgruppenidentifikation (max. 10 Punkte)**
   - Spezifikation und Relevanz der identifizierten direkten und indirekten Zielgruppen (0–5 Punkte).
   - Potenzieller Impact und Nutzen für diese Zielgruppen (0–5 Punkte).

3. **Negative Auswirkungen/Risiken (bis zu 30 Punkte Abzug)**
   Identifikation (potenzieller) negativer Auswirkungen (max. -15 Punkte)
   - Bis zu 15 Punkte Abzug für negative Auswirkungen (auch, wenn diese nur unzureichend identifiziert oder gar nicht beschrieben wurden)
   Maßnahmen zur Minimierung und Ausgleich (max. -15 Punkte)
   - Bis zu 15 weitere Punkte Abzug, wenn keine oder unzureichende Maßnahmen zur Minimierung oder zum Ausgleich getroffen werden.

4. **Deadweight (max. 5 Punkte)**
   - Bewusstsein für Deadweight ist vorhanden. (0–5 Punkte)

5. **Tiefe des Impacts (max. 30 Punkte)**
   Für jedes adressierte SDG: (max. 10 Punkte pro SDG)
   - Konkreter Beitrag des Startups zum jeweiligen SDG, je nach Qualität und Relevanz: (0–2)
   - Outcome: Qualität und Spezifikation der kurzfristigen Ergebnisse: (0–4)
   - Impact: Qualität, Reichweite und Tiefe der langfristigen Veränderungen: (0–4 Punkte)

6. **Breite und Vielfalt des Impacts (max. 15 Punkte)**
   Anzahl der adressierten SDGs (max. 5 Punkte)
   - 1 SDG: 1 Punkt
   - 2 SDGs: 3 Punkte
   - 3 SDGs: 5 Punkte

   Durchschnittlicher Impact pro SDG (max. 10 Punkte)
   - Die Gesamtpunktzahl aus dem Bereich „Tiefe des Impacts" wird durch die Anzahl der adressierten SDGs geteilt.

7. **Daten und Verantwortung (max. 10 Punkte)**
   Datenbeschaffung (max. 3 Punkte)
   - Die Datenbeschaffung ist plausibel. Es werden angemessene Methoden verwendet: 0–3 Punkte (je nach Qualität)

   Verantwortlichkeiten (max. 2 Punkte)
   - Klare Zuweisung einer verantwortlichen Person oder Abteilung: 0–2 Punkte (je nach Qualität)

   Datenanalyse und Berichterstattung (max. 5 Punkte)
   - Regelmäßige Überprüfung/Aktualisierung (mindestens jährlich): 0–3 Punkte
   - Klare und verständliche Präsentation der Ergebnisse: 0–2 Punkte

8. **Lernprozess, Kommunikation und kontinuierliche Verbesserung (max. 10 Punkte)**
   Lernprozess und Anpassung (max. 5 Punkte)
   - Nachweisbare Anpassungen basierend auf Erkenntnissen der Impact-Messung: 0–5 Punkte (je nach Qualität)

   Kontinuierliche Verbesserung (max. 2 Punkte)
   - Nachweisbare Überprüfungen und Anpassungen des Impact-Messmodells nach Geschäftsmodellanpassung: 0–2 Punkte

   Kommunikation mit Stakeholder*innen (max. 3 Punkte)
   - Regelmäßige und transparente Kommunikation: 0–2 Punkte
   - Erfüllung der Erwartungen der Stakeholder*innen: 0–1 Punkte

Knock-out Kriterien:
- Keine klare Identifikation der gesellschaftlichen Herausforderung.
- Negative Auswirkungen/Risiken überwiegen den positiven Impact.
- Keine Initiativen für ausgewählte SDGs.
- Mangelnde Transparenz in der Datenbeschaffung.
- Keine Verantwortlichkeiten für die Impact-Messung.

Bewertungsskala:
Gesamtpunktzahl: 0–100 Punkte

Bewertungsbereiche:
0–30 Punkte: Unzureichend
- Das Startup hat minimale bis keine Initiativen, Produkte oder Dienstleistungen, die einen Social Impact zeigen oder es gibt erhebliche Lücken in der Impact-Messung und -Kommunikation.

31–50 Punkte: Grundlegend
- Das Startup hat einige Initiativen, Produkte oder Dienstleistungen, die einen Social Impact zeigen, aber es gibt noch viele Bereiche, die verbessert werden müssen bzw. gibt es eine Grundlage für Impact-Messung, aber sie ist nicht umfassend.

51–70 Punkte: Befriedigend
- Das Startup zeigt einen klaren Social Impact in einigen Bereichen und es gibt eine solide Grundlage für die Impact-Messung, aber es gibt noch Raum für Verbesserungen.

71–80 Punkte: Gut
- Das Startup zeigt einen starken Social Impact und hat robuste Mechanismen für die Impact-Messung. Es gibt nur wenige Bereiche, die verbessert werden müssen.

81–100 Punkte: Exzellent
- Das Startup zeigt einen herausragenden Social Impact und hat Best-Practice-Mechanismen für die Impact-Messung. Es erfüllt oder übertrifft alle Erwartungen in Bezug auf die Impact-Messung.

Knock-out Kriterien: Wenn eines dieser Kriterien nicht erfüllt ist, wird das Startup unabhängig von seiner Gesamtpunktzahl als „nicht qualifiziert" eingestuft.

Diese Skala zur Bewertung erlaubt die Klassifizierung von Startups in unterschiedliche Kategorien, abhängig von ihrer erreichten Gesamtpunktzahl. Sie gibt Startups außerdem deutliche Hinweise, an welchem Punkt sie sich befinden und welche Bereiche sie optimieren sollten, um eine bessere Bewertung zu erhalten.

Die Integration folgender Elemente führt zudem zu einem fairen und vor allem, holistischen Impact-Bewertungssystem:

- **Punkte für die Tiefe des Impacts**: Punkte werden basierend auf der Tiefe der erzielten Auswirkungen vergeben. Zum Beispiel könnte ein Startup, das eine sehr deutliche Reduzierung der Armut in einer Gemeinde bewirkt hat, höhere Punkte für die Intensität seines Impacts erhalten, selbst wenn es sich nur auf ein einzelnes SDG konzentriert. Es ist wichtig, sowohl kurzfristige Ergebnisse als auch langfristige Auswirkungen zu berücksichtigen.
- **Durchschnittliche Punktbewertung pro SDG:** Die Gesamtpunktzahl (maximal 30) im Bereich der Impact-Intensität wird durch die Anzahl der berücksichtigten SDGs geteilt, um einen Durchschnittswert pro SDG zu erhalten. Dies stellt sicher, dass Startups, die sich auf wenige SDGs konzentrieren und dennoch signifikante Auswirkungen haben, nicht benachteiligt werden.
- **Bewertung gesellschaftlicher Herausforderungen:** Gezielte Fragen ermöglichen es Startups, die Relevanz und Dringlichkeit ihrer gesellschaftlichen Herausforderungen sowie ihren sozialen Mehrwert darzustellen.
- **Zielgruppenanalyse:** Es ist wichtig, dass Startups verstehen und ausdrücken können, wer die direkten und indirekten Zielgruppen sind und welchen potenziellen Einfluss und Nutzen sie für bestimmte Gruppen erreichen wollen.
- **Kriterien für negative Auswirkungen und Risiken:** Viele der gängigen Modelle und Methoden zur Impact-Messung vergessen darauf, negative Auswirkungen eines Unternehmens bzw. Projekts zu erfassen. Dabei ist es unerlässlich, diese in die Berechnung mit einfließen zu lassen, um eine möglichst genaue Beurteilung des gesamten Impacts zu erhalten.
- Durch Abzüge bei (unbehandelten) negativen Auswirkungen werden Startups in diesem Modell stärker in die Verantwortung genommen, diese zu erkennen und zu minimieren.
- **Bewusstsein für Deadweight:** Analog zu den negativen Auswirkungen bzw. negativem Impact, ist auch das Bewusstsein für Deadweight oft nicht vorhanden. Es handelt sich dabei um die Unterscheidung, ob gesellschaftliche Veränderungen tatsächlich auf die Aktivitäten der jeweiligen Organisation zurückzuführen sind oder ob diese auf bereits bestehende Trends, die auch ohne das Zutun des Unternehmens stattgefunden hätten, basieren.

- **Datenmanagement und Verantwortlichkeit:** Die Kriterien betonen die Wichtigkeit der Zuweisung von Verantwortlichkeiten und regelmäßigen Datenprüfungen.
- **Bewertungssystem:** Eine Skala von 0 bis 100 Punkten ermöglicht eine präzise Unterscheidung bei den Impact-Bewertungen.
- **Ausschlusskriterien:** Knock-out-Kriterien sollen sicherstellen, dass Startups, die nicht als Social Impact Startups gelten, ausgeschlossen werden.

Diese Bewertungskriterien erlauben eine eingehende Analyse des Social Impacts und berücksichtigen vielschichtige Aspekte, die bei der Erfassung des gesellschaftlichen Mehrwerts wichtig sind und von anderen Methoden oft vergessen werden. Sie gehen zudem auf spezifische Herausforderungen ein, die bei anderen Bewertungsmodellen auftreten können, indem sie Transparenz fördern, eine umfassendere Beurteilung des Unternehmensimpacts ermöglichen und eine feinere Abstufung der Bewertungen zulassen. Die Berücksichtigung negativer Effekte ist ein wichtiger Schritt zur Stärkung der Integrität und Glaubwürdigkeit der Impact-Bewertung sowie zur Sensibilisierung für potenzielles Deadweight.

3.3.4 Outcome und Impact KPIs, jeweils bezogen auf die SDGs

Diese Outcome- und Impact-KPIs (siehe Tab. 3.3) dienen als Anhaltspunkte dafür, wie Startups ihre Beiträge zu den SDGs innerhalb des SDG-basierten Impact-Messmodells messen und quantifizieren können. Sie sollten an den spezifischen Kontext des Startups und seine Aktivitäten angepasst werden, um die relevantesten und aussagekräftigsten Daten zu liefern.

Tab. 3.3 Outcome und Impact KPIs, jeweils bezogen auf die SDGs. (Eigene Darstellung)

SDG	Outcome KPIs	Impact KPIs
SDG 1: Keine Armut	**Anzahl der unterstützten Personen:** Messung der Anzahl von Personen, die direkte finanzielle Unterstützung, Zugang zu Mikrokrediten oder Arbeitsplätze durch das Startup erhalten haben.	**Langfristige Einkommensstabilität:** Anteil der Zielgruppe, die über einen längeren Zeitraum (z. B. über zwei Jahre) eine stabile oder steigende Einkommenslage aufweist.
	Einkommenssteigerung: Prozentsatz der Zielgruppe, die eine messbare Einkommenssteigerung erfahren hat, als direktes Ergebnis der Initiative des Startups.	**Reduzierung der Armutsrate:** Verringerung der Armutsrate in der Zielgemeinschaft oder -region, gemessen an lokalen oder nationalen Armutsindikatoren.
SDG 2: Kein Hunger	**Anzahl der ernährten Personen:** Anzahl der Menschen, die durch Nahrungsmittelprogramme des Startups Zugang zu ausreichender Ernährung erhalten haben.	**Agrarproduktivitätssteigerung:** Verbesserung der landwirtschaftlichen Produktivität in den von der Initiative betroffenen Gemeinschaften.
	Verbesserung der Ernährungssicherheit: Prozentsatz der Zielgruppe mit verbessertem Zugang zu ausreichender und gehaltvoller Nahrung.	**Reduzierung von Unterernährung:** Langfristige Verringerung der Unterernährungsraten in der Zielregion.
SDG 3: Gesundheit und Wohlergehen	**Anzahl der erreichten Personen:** Anzahl der Menschen, die durch Gesundheitsprogramme, medizinische Dienstleistungen oder Aufklärungskampagnen des Startups erreicht wurden.	**Verringerung der Krankheitsraten:** Langfristige Verringerung spezifischer Krankheitsraten (z. B. Malaria, Tuberkulose) in der Zielgruppe oder -region als Folge der Aktivitäten des Startups.
	Verbesserung des Gesundheitszustandes: Prozentsatz der Zielgruppe, die eine unmittelbare Verbesserung ihres Gesundheitszustandes (z. B. durch Screenings, Impfungen) erlebt hat.	**Verbesserung der Lebensqualität:** Messung der Verbesserung der allgemeinen Lebensqualität und des Wohlbefindens in der Zielgruppe, zum Beispiel durch Umfragen oder Studien zur Lebenszufriedenheit.

(Fortsetzung)

Tab. 3.3 (Fortsetzung)

SDG	Outcome KPIs	Impact KPIs
SDG 4: Hochwertige Bildung	**Anzahl der Schüler*innen:** Anzahl der Schüler*innen, die Zugang zu verbesserten Bildungsressourcen durch das Startup erhalten haben.	**Abschlussraten:** Langfristige Erhöhung der Schulabschlussraten in der Zielgruppe.
	Steigerung der Alphabetisierungsrate: Prozentsatz der Zielgruppe, die Lesen und Schreiben gelernt hat.	**Bildungsqualität:** Verbesserung der Bildungsqualität gemäß nationalen oder internationalen Standards.
SDG 5: Geschlechtergleichheit	**Anzahl der unterstützten Frauen und Mädchen:** Anzahl der Frauen und Mädchen, die von Gleichstellungsinitiativen profitiert haben.	**Gleichstellung im Arbeitsmarkt:** Veränderung der Beschäftigungsrate von Frauen im Vergleich zu Männern.
	Zugang zu Ressourcen: Prozentsatz der weiblichen Zielgruppe mit verbessertem Zugang zu wirtschaftlichen Ressourcen und Rechten.	**Reduzierung von Gewalt:** Rückgang von Fällen geschlechtsspezifischer Gewalt in der Zielgruppe oder -region.
SDG 6: Sauberes Wasser und Sanitäreinrichtungen	**Anzahl der Personen mit verbessertem Wasserzugang:** Anzahl an Personen, die durch das Startup Zugang zu sauberem Trinkwasser erhalten haben.	**Verminderte Krankheitsfälle:** Reduktion wasserbedingter Krankheiten in der Zielgemeinschaft.
	Verbesserung der sanitären Einrichtungen: Prozentsatz der Zielgruppe, der Zugang zu verbesserten sanitären Einrichtungen erhalten hat.	**Nachhaltige Wassernutzung:** Anteil der Gemeinschaften, die nachhaltige Wasserbewirtschaftungspraktiken anwenden.
SDG 7: Bezahlbare und saubere Energie	**Anzahl der versorgten Haushalte:** Anzahl der Haushalte, die Zugang zu sauberer und nachhaltiger Energie erhalten haben.	**Reduzierung von Energiearmut:** Verringerung der Anzahl der Menschen ohne Zugang zu sicherer und nachhaltiger Energie.
	Verbesserung der Energieeffizienz: Steigerung der Energieeffizienz in den von der Initiative betroffenen Gemeinschaften.	**Senkung der CO2-Emissionen:** Langfristige Reduktion der CO_2-Emissionen durch die Implementierung erneuerbarer Energien.

(Fortsetzung)

Tab. 3.3 (Fortsetzung)

SDG	Outcome KPIs	Impact KPIs
SDG 8: Menschen-würdige Arbeit und Wirtschafts-wachstum	**Schaffung von Arbeitsplätzen:** Anzahl der neuen Arbeitsplätze, die durch das Startup geschaffen wurden.	**Arbeitsbedingungen:** Verbesserung der Arbeitsbedingungen und des Arbeitsschutzes in der Zielregion.
	Steigerung des lokalen Wirtschaftswachstums: Prozentsatz des Wachstums im lokalen Unternehmertum oder in der lokalen Wirtschaft.	**Langfristige Beschäftigung:** Anteil der Personen, die langfristig in den vom Startup geschaffenen Arbeitsplätzen beschäftigt bleiben.
SDG 9: Industrie, Innovation und Infrastruktur	**Entwicklung von Infrastruktur:** Anzahl der Infrastrukturprojekte, die durch das Startup initiiert wurden.	**Resiliente Infrastruktur:** Langfristige Verbesserung der Beständigkeit und Qualität der Infrastruktur.
	Förderung von Innovationen: Anzahl der durch das Startup unterstützte oder entwickelte neuartige Produkte/Services.	**Technologietransfer:** Umfang und Erfolg der Übertragung neuer Technologien in weniger entwickelte Gebiete oder Sektoren.
SDG 10: Weniger Ungleichheiten	**Einkommenssteigerung bei benachteiligten Gruppen:** Prozentsatz der benachteiligten Zielgruppe mit gestiegenem Einkommen.	**Reduktion der Einkommensungleichheit:** Messung der Verringerung der Einkommensunterschiede innerhalb einer Gemeinschaft oder Region.
	Verbesserter Zugang zu Dienstleistungen: Anzahl der Personen aus benachteiligten Gruppen mit verbessertem Zugang zu essentiellen Dienstleistungen.	**Soziale Integration:** Erfolg bei der Förderung der sozialen Inklusion und der Verringerung der Diskriminierung.
SDG 11: Nachhaltige Städte und Gemeinden	**Verbesserung der städtischen Umgebung:** Anzahl der städtischen Projekte zur Verbesserung der Lebensqualität.	**Nachhaltige Stadtentwicklung:** Fortschritte in Richtung nachhaltige Stadtentwicklungsziele.
	Zugänglichkeit: Verbesserung der Zugänglichkeit und Inklusivität von städtischen Räumen für alle.	**Klimaresilienz:** Verbesserung der Widerstandsfähigkeit städtischer Gebiete gegenüber klimatischen Veränderungen.

(Fortsetzung)

Tab. 3.3 (Fortsetzung)

SDG	Outcome KPIs	Impact KPIs
SDG 12: Nachhaltige/r Konsum- und Produktion	**Reduzierung des Ressourcenverbrauchs:** Messung der Verringerung des Verbrauchs natürlicher Ressourcen durch Effizienzsteigerungen in der Produktion.	**Nachhaltige Produktionsmuster:** Langfristige Umstellung auf nachhaltigere Produktionsverfahren und -technologien.
	Steigerung der Recyclingrate: Prozentsatz der recycelten Abfallstoffe im Vergleich zum Gesamtabfall.	**Verminderung der Umweltbelastung:** Messbare Reduktion der Umweltbelastung durch das Unternehmen, z. B. in Bezug auf Treibhausgasemissionen, Wasserverschmutzung oder Bodendegradation.
SDG 13: Maßnahmen zum Klimaschutz	**Implementierte Klimaschutzprojekte:** Anzahl der durchgeführten Projekte zur Reduzierung des CO_2-Fußabdrucks.	**Reduzierung der Treibhausgasemissionen:** Messung der gesamten Reduktion von Treibhausgasemissionen als Ergebnis der Projekte.
	Engagement der Gemeinschaft: Prozentsatz der lokalen Bevölkerung, der in Klimaschutzmaßnahmen involviert ist.	**Resilienz gegenüber Klimawandel:** Verbesserung der Widerstandsfähigkeit von Gemeinschaften gegen klimabedingte Katastrophen.
SDG 14: Leben unter Wasser	**Schutz mariner Lebensräume:** Anzahl der Schutzprojekte für Meeresökosysteme.	**Erhaltung der Biodiversität:** Verbesserung der Vielfalt und des Zustandes mariner Spezies.
	Reduktion von Meeresverschmutzung: Verminderung der Einleitung von Schadstoffen in marine Ökosysteme.	**Nachhaltige Fischereipraktiken:** Anteil der Fischereien, die nachhaltige Praktiken anwenden.
SDG 15: Leben an Land	**Aufforstungsprojekte:** Anzahl der durchgeführten Aufforstungsprojekte oder Wiederherstellung natürlicher Lebensräume.	**Verbesserung der Landökosysteme:** Langfristige Verbesserung der Gesundheit und Resilienz von Landökosystemen.
	Schutz bedrohter Arten: Anzahl der Maßnahmen zum Schutz bedrohter Arten.	**Biodiversitäts-Indizes:** Positive Veränderungen in Biodiversitäts-Indizes als Ergebnis von Schutzmaßnahmen.

(Fortsetzung)

Tab. 3.3 (Fortsetzung)

SDG	Outcome KPIs	Impact KPIs
SDG 16: Frieden, Gerechtigkeit und starke Institutionen	**Zugang zur Justiz:** Anzahl der Personen, die durch das Startup verbesserten Zugang zu Justiz und Rechtsberatung erhalten haben.	**Reduktion von Gewalt:** Langfristige Verringerung von Gewalt und Missbrauch in der Zielgemeinschaft.
	Korruptionsbekämpfung: Anzahl der Initiativen oder Programme zur Förderung der Transparenz und zur Bekämpfung von Korruption.	**Stärkung der Institutionen:** Fortschritte bei der Entwicklung von Institutionen, die für Frieden und Gerechtigkeit sorgen.
SDG 17: Partnerschaften zur Erreichung der Ziele	**Aufbau von Kooperationen:** Anzahl der Partnerschaften und Kooperationen mit lokalen, nationalen und internationalen Akteuren, die zur Erreichung der SDGs beitragen.	**Stärkung der globalen Partnerschaft:** Bewertung der Effektivität und des Mehrwerts der eingegangenen Partnerschaften.
	Finanzielle Ressourcen: Erhöhung der mobilisierten finanziellen Ressourcen für nachhaltige Entwicklung.	**Nachhaltige Entwicklungsziele (SDGs) Fortschritt:** Beitrag der Partnerschaften zur Erreichung der SDGs insgesamt.

3.3.5 Anwendung

Das vorgeschlagene Bewertungssystem ist besonders nützlich für bereits etablierte Startups oder solche in fortgeschrittenen Entwicklungsstadien. Bevor dieses neue Modell angewendet wird, sollten bestimmte Kriterien erfüllt sein:

- **Klare Definition der Ziele:** Das Startup sollte eindeutig identifizieren können, welche gesellschaftlichen Probleme es angehen möchte und welche der SDGs für seine Aktivitäten relevant sind.
- **Entwicklungsphase des Geschäftsmodells:** Das Bewertungssystem sollte erst eingeführt werden, wenn das Startup über ein validiertes Geschäftsmodell verfügt und seine Produkte oder Dienstleistungen klar definiert hat.
- **Verfügbarkeit von Ressourcen:** Das Unternehmen benötigt ausreichende Ressourcen, um Daten effektiv zu sammeln, zu analysieren und darüber berichten zu können.

Startups in der Gründungsphase (Early-stage)

Für Startups, die sich noch am Anfang ihrer Entwicklung befinden, kann das Modell so angepasst werden, dass es auf Schätzungen anstatt auf konkreten Daten basiert. Dies ermöglicht es Startups, ihre Vision und geplanten Impact-Initiativen darzulegen, auch wenn sie noch keine messbaren Erfolge vorweisen können.

Angepasstes Impact-Bewertungssystem für Early-stage Startups

1. **Allgemeine Informationen:**
   - Name des Startups:
   - Gründungsjahr bzw. geplante Gründung:
   - Branche/Sektor:
   - Geplanter Haupttätigkeitsbereich:
   - Website (falls vorhanden):

2. **Gesellschaftliche Herausforderungen:**
   - Welche gesellschaftlichen Herausforderungen oder Probleme wird Ihr Startup adressieren?
   - Welcher gesellschaftliche Mehrwert (Social Impact) soll dadurch geschaffen werden bzw. zu welchen gesellschaftlichen Entwicklungen wird Ihr Startup beitragen?
   (max. 500 Wörter)

3. **Zielgruppenidentifikation:**
   - Welche direkten Zielgruppen werden von den Lösungen Ihres Startups profitieren?
   - Welche indirekten Zielgruppen werden von den Lösungen Ihres Startups profitieren?
   (max. 500 Wörter)

4. **Negative Auswirkungen/Risiken:**
   - Welche (potenziell) negativen Auswirkungen werden Sie mit Ihrem Startup verursachen?
   - Wie werden Sie versuchen, diese negativen Auswirkungen zu minimieren oder auszugleichen?
   (max. 500 Wörter)

5. **Deadweight:**
   - Bitte beschreiben Sie, inwieweit die gesellschaftlichen Veränderungen tatsächlich auf Ihre eigenen Aktivitäten zurückzuführen sein werden

und nicht auf bereits bestehende Trends, die auch ohne Ihre Aktivitäten stattgefunden hätten?
(max. 200 Wörter)

6. **Geschätzter Zeitrahmen:**
   * In welchem Zeitraum erwarten Sie, erste messbare Ergebnisse in Bezug auf den sozialen Impact zu erzielen?
   (max. 100 Wörter)

Für jedes, zukünftig relevante SDG:

7. **SDG-Beispiel (z. B. SDG 1: Keine Armut):**
   * Plant Ihr Startup Initiativen oder Produkte/Dienstleistungen, die direkt dazu beitragen, Armut zu reduzieren?
     – Ja
     – Nein
     Wenn ja, geben Sie bitte eine kurze Beschreibung dieser Initiativen oder Produkte/Dienstleistungen an und erläutern Sie, wie diese konkret zur Armutsbekämpfung beitragen werden.
   * **Outcome:** Welche unmittelbaren, kurzfristigen Ergebnisse oder Veränderungen werden Ihre Aktivitäten im nächsten Jahr erzielen? Bitte geben Sie spezifische Zahlen oder Beispiele an.
   * **Impact:** Welche langfristigen Veränderungen (die auch indirekt und auf eine breitere Gemeinschaft oder Umwelt einwirken) werden Sie durch Ihre Aktivitäten beobachten oder erwarten Sie? Bitte beschreiben Sie die Auswirkungen auf Ihre Zielgruppe oder Umwelt.
   (max. 500 Wörter)

Abschließende Fragen:

8. **Datenbeschaffung:**
   * Welche Methoden werden Sie verwenden, um Daten zu sammeln?
   (max. 200 Wörter)

9. **Verantwortlichkeiten:**
   * Wer wird innerhalb Ihres Startups für das Impact-Measurement verantwortlich sein?
   (max. 200 Wörter)

10. **Datenanalyse und Berichterstattung:**
    - Wie oft planen Sie, Ihre Impact-Daten zu überprüfen/zu aktualisieren?
    - In welchem Format werden Sie Ihre Ergebnisse präsentieren und/ oder veröffentlichen?
    (max. 200 Wörter)

11. **Lernprozess & kontinuierliche Verbesserung:**
    - Welche Erkenntnisse erwarten Sie aus Ihren zukünftigen Impact-Messergebnissen gewinnen zu können bzw. wurden bereits Erkenntnisse erlangt?
    - Wie werden Sie Ihre Impact-Messung an Veränderungen in Ihrem Geschäftsmodell oder Ihren Zielen anpassen?
    (max. 500 Wörter)

12. **Schnittstellen mit Stakeholder*innen:**
    - Wie werden Sie Ihre Stakeholder*innen (z. B. Mitarbeiter*innen, Lieferant*innen, Investor*innen, etc.) über Ihren sozialen Impact informieren?
    - Wie werden Sie sicherstellen, dass Ihre Impact-Messung den Erwartungen Ihrer Stakeholder*innen entspricht?
    (max. 200 Wörter)

Dieser angepasste Fragebogen lässt Startups in der Frühphase ihre Vision und geplante Wirkungsaktivitäten darlegen, auch wenn sie keine aktuellen Daten als Grundlage haben. Die Antworten, die auf Schätzungen basieren, können sich im Verlauf der Entwicklung des Startups ändern, bieten jedoch dennoch wertvolle Einblicke in die zukünftigen Pläne und Absichten bezüglich des angestrebten Social Impacts.

Ein Vergleich der Antworten mit den tatsächlichen Ergebnissen nach einem Jahr (oder einem anderen festgelegten Zeitraum) kann für Startups in der Gründungsphase mehrere Vorteile bringen:

- **Performance-Überprüfung:** Durch den Vergleich der tatsächlichen Ergebnisse mit den anfänglichen Vorhersagen kann sichtbar werden, wo Ziele erreicht wurden und wo es Abweichungen gibt.
- **Strategische Anpassung:** Deutliche Unterschiede zwischen prognostizierten Zielen und realen Ergebnissen könnten darauf hinweisen, dass eine strategische Neuausrichtung erforderlich ist. Möglicherweise müssen bestimmte Maßnahmen neu bewertet oder Ressourcen umverteilt werden.

- **Lernmöglichkeiten:** Ein Vergleich birgt Möglichkeiten zum Lernen. Startups haben die Gelegenheit zu analysieren, warum einige Prognosen nicht zutrafen und wie zukünftige Planungen präziser gestaltet werden können, um langfristige Zielsetzungen zu erreichen.
- **Transparenz gegenüber Stakeholder*innen:** Die Offenlegung von prognostizierten und realisierten Ergebnissen kann gegenüber Interessengruppen wie Investor*innen, Partner*innen und Kund*innen die Transparenz und Verantwortlichkeit des Startups verdeutlichen. Es zeigt, dass ernsthaftes Interesse besteht, den Impact zu messen und kontinuierlich zu verbessern.
- **Motivation:** Die Festlegung von Zielen und die Messung des Fortschritts können das gesamte Team motivieren. Es gibt eine klare Ausrichtung und fördert ständige Weiterentwicklung und Verbesserung.

3.3.6   Implementierung

Die Implementierung des Impact-Messmodells auf Basis der SDGs sollte anhand folgender Schritte erfolgen:

- **Erstellung einer Ausgangslage (Baseline):** Zuerst sollte das Startup den Fragebogen ausfüllen, um eine Grundlage für die Messung seines Impacts zu schaffen. Dies bildet den Ausgangspunkt für alle weiteren Impact-Messungen.
- **Regelmäßige Bewertung:** Nach einem Jahr (oder einem anderen vorab festgelegten Zeitraum) sollte der Fragebogen erneut ausgefüllt werden, um die erreichten Leistungen festzuhalten.
- **Vergleich und Analyse:** Die gesammelten Antworten werden verglichen, um Unterschiede, Erfolge und Bereiche zur Verbesserung zu identifizieren. Das Startup hat auch die Möglichkeit, seine Leistungen mit denen anderer Unternehmen zu vergleichen, die ebenfalls ihren Impact nach dem SDG-basierten Modell bewertet und ihre Ergebnisse veröffentlicht haben.
- **Feedback-Schleifen:** Basierend auf den Vergleichsergebnissen sollten regelmäßig Feedbackgespräche mit dem Team sowie gegebenenfalls externen Berater*innen, Mentor*innen oder Investor*innen geführt werden, um die Resultate zu besprechen und zukünftige (Impact-)Strategien zu entwickeln.
- **Offene Kommunikation:** Die erzielten Ergebnisse sollten intern und extern kommuniziert werden, um Transparenz sicherzustellen und das Vertrauen der Stakeholder*innen zu stärken.

Dieser wiederholte Prozess der Bewertung, Überprüfung und Anpassung ermöglicht es Startups, ihren Impact kontinuierlich zu überwachen und zu optimieren. Gleichzeitig fördert er eine Kultur der Verantwortlichkeit und des fortlaufenden
Lernens im Unternehmen.

3.3.7 Durchführung und Veröffentlichung der Bewertung

Der gesellschaftliche Mehrwert von Startups kann mithilfe des SDG-orientierten
Modells von verschiedenen Beteiligten bewertet werden, abhängig von den Zielen
und Erwartungen, die mit der Bewertung verbunden sind. Die Vor- und Nachteile
zeigt Tab. 3.4.
   Die Auswahl der Bewertenden und die Veröffentlichung der Ergebnisse hängen
von den Zielen des Unternehmens, dem Budget, dem Sektor und der Zielgruppe
des Startups ab. Um das Vertrauen der Beteiligten zu gewinnen und den tatsächlichen Einfluss des Unternehmens zu demonstrieren, ist es wichtig, dass sowohl die
Bewertung als auch die Veröffentlichung der Ergebnisse transparent, neutral und
vertrauenswürdig sind.
   Die Ergebnisse können auf verschiedene Weise veröffentlicht werden: auf der
Website des Unternehmens, in Jahresberichten, in Fachpublikationen oder -platt-

Tab. 3.4 Bewertung des sozialen Impacts durch verschiedene Akteur*innen. (Eigene Darstellung)

Bewertende	Vorteil	Nachteil
Interne Teams	Kenntnis des Unternehmens und seiner Aktivitäten.	Mögliche Voreingenommenheit oder fehlende Objektivität.
Externe Beratungsfirmen	Objektivität und Fachwissen in der Impact-Bewertung.	Kosten und möglicherweise fehlende Branchenkenntnisse.
Unabhängige Auditor*innen	Hohe Glaubwürdigkeit und Objektivität.	Hohe Kosten.
Branchenverbände oder Netzwerke	Branchenkenntnisse und Vergleichsmöglichkeiten mit anderen Startups.	Möglicherweise nicht so detailliert oder individuell.
Universitäten oder Forschungsinstitute	Fachwissen und objektive Analyse.	Kann länger dauern und weniger praxisorientiert sein.
Stakeholder*innen-Feedback	Direktes Feedback von denjenigen, die vom Impact des Startups betroffen sind.	Kann subjektiv sein und erfordert eine sorgfältige Datenerhebung.

formen, über soziale Medien, auf spezialisierten Impact-Plattformen oder in Zusammenarbeit mit bestehenden Impact-Investor*innen, die oft eigene Kanäle zur Präsentation ihrer Portfolio-Unternehmen nutzen.

Um jedoch faire Vergleiche zwischen Startups zu ermöglichen und Neutralität sicherzustellen, ist es notwendig, dass die Bewertung immer von denselben unabhängigen Personen oder Organisationen durchgeführt wird (zumindest für einen festgelegten Zeitraum). Dabei sollten die Ergebnisse auf einer unabhängigen zentralen Plattform, zusätzlich zur eigenen Website des Unternehmens, veröffentlicht werden. Dies trägt ebenfalls zu mehr Transparenz und Glaubwürdigkeit bei.

3.3.8 Abgrenzung zu bestehenden SDG-basierten Impact-Messmodellen

Das neu vorgestellte SDG-basierte Impact-Bewertungssystem für Startups, IRIS+ und die SDG Impact Standards sind alle darauf ausgerichtet, den Impact von Unternehmen und Investitionen im Einklang mit den SDGs zu messen und zu kommunizieren. Trotz ihrer gemeinsamen Ausrichtung auf die SDGs unterscheiden sie sich in ihrer Zielsetzung, ihrem Fokus und ihrer Anwendbarkeit:

- **SDG-basiertes Impact-Bewertungssystem für Startups:** Dieses Modell konzentriert sich speziell auf Startups und deren Beiträge zu den SDGs. Es bietet Startups einen einfachen Ansatz, ihren Social Impact in Bezug auf die SDGs zu messen und zu kommunizieren. Es legt den Schwerpunkt auf vordefinierte Indikatoren je SDG und bietet eine flexible und anpassbare Struktur.
- **IRIS+:** IRIS+ ist eine Weiterentwicklung von IRIS und wurde entwickelt, um den gesamten Impact von Investitionen zu messen. Es richtet sich in erster Linie an Impact-Investor*innen und bietet eine umfangreiche Sammlung von Metriken, die weit über die SDGs hinausgehen. Während es einen standardisierten Rahmen bietet, erfordert es eine tiefere Integration in die Investitionsprozesse. IRIS+ ist in der Impact Investing-Community weit verbreitet und anerkannt (GIIN 2023a).
- **SDG Impact Standards:** Diese von den Vereinten Nationen initiierte Methode zielt darauf ab, Unternehmen und Investor*innen dabei zu unterstützen, ihre Geschäftsstrategien und -praktiken an den SDGs auszurichten. Es bietet detaillierte Leitlinien und Best Practices in einem umfangreichen und tiefgreifenden Ansatz. Als UN-Initiative genießt es eine hohe Glaubwürdigkeit. Zudem erlaubt die Standardisierung eine konsistente Anwendung (UNDP 2022).

3.3.9 Limitationen

Die Ziele für nachhaltige Entwicklung (SDGs) sind weitreichend, jedoch auch allgemein gehalten, um weltweit anwendbar zu sein. Dies kann dazu führen, dass sie nicht immer genau auf die spezifischen Herausforderungen oder Ziele eines Startups zugeschnitten sind. Es besteht auch die Gefahr, dass Startups die SDGs oberflächlich behandeln oder sich des sogenannten „SDG-Washings" bedienen, indem sie vorgeben, bestimmte Ziele zu verfolgen, ohne jedoch konkrete Maßnahmen zu ergreifen. Diese Gefahr kann jedoch durch eine gründliche und unabhängige Bewertung vermieden werden. Obwohl die genaue Messung und Berichterstattung gemäß den SDGs ebenso ressourcenintensiv sein kann, ist sie im Vergleich zu anderen Methoden der Impact-Messung weniger aufwendig, wie bereits näher erläutert wurde. Eine ausschließliche Konzentration auf die SDGs könnte dazu führen, dass andere wichtige soziale oder ökologische Bereiche übersehen werden, die nicht direkt von den SDGs abgedeckt sind.

Die Beurteilung eines Startups anhand des SDG-orientierten Impact-Bewertungssystems kann auch bestimmte Herausforderungen mit sich bringen: Die Bewertung, insbesondere von qualitativen Aspekten, kann subjektiv sein und je nach Bewertenden variieren. Dies könnte zu Inkonsistenzen in den Ergebnissen führen. Um eine möglichst objektive Bewertung und Vergleichbarkeit gewährleisten zu können, sollte die Bewertung über einen festgelegten Zeitraum möglichst aus denselben Personen/Organisationen bestehen. Dabei müssen die Bewertungskriterien für die Bewertenden klar und verständlich sein.

Startups könnten versuchen, das Bewertungssystem zu umgehen, indem sie sich auf einfacher erreichbare SDGs konzentrieren oder ihre Leistungen übermäßig positiv darstellen, um bessere Bewertungen zu erhalten. Die Abhängigkeit von selbstberichteten Daten seitens der Startups könnte die Glaubwürdigkeit der Bewertung gefährden. Es besteht das Risiko, dass Startups ungenaue oder irreführende Informationen liefern. Hier wird an die ethischen Grundsätze und die Professionalität der Startups appelliert. Wie bei anderen Impact-Messmethoden hängt die Qualität der Ergebnisse von der Qualität der zugrunde liegenden Daten und Beschreibungen ab.

Diese potenziellen Schwierigkeiten und Limitationen sollten bei der Einführung und Verwendung des SDG-basierten Impact-Bewertungssystems für Startups berücksichtigt werden. Es ist entscheidend, dass sowohl Startups als auch Bewertende sich dieser möglichen Fallstricke bewusst sind und präventive Maßnahmen ergreifen, um diese zu minimieren.

3.4   Mehrwert und Herausforderungen der Impact-Messung bei Startups

3.4.1   Mehrwert

Es gibt viele Gründe, die für eine Messung des Impacts sprechen, insbesondere für Startups mit einem Fokus auf gesellschaftlichen Mehrwert. Die regelmäßige Überprüfung kann dabei helfen, Fortschritte klar zu erkennen und sicherzustellen, dass unternehmerische Tätigkeiten mit zuvor definierten Grundprinzipien übereinstimmen. Durch transparente Berichterstattung ihrer sozialen Beiträge können Startups ihre Glaubwürdigkeit steigern und das Vertrauen von Kund*innen, Investor*innen, Geschäftspartner*innen und anderen Interessengruppen gewinnen. Startups, die ihren Social Impact messen und optimieren, können infolgedessen auch einen Wettbewerbsvorteil erlangen. Kund*innen und Investor*innen bevorzugen Unternehmen, die positiv zur Gesellschaft und Umwelt beitragen. Studien belegen, dass die Markenwahrnehmung sowie auch die Loyalität der Kund*innen dadurch gesteigert werden kann (Birkner 2022). Die Impact-Messung ermöglicht es Startups außerdem, Ressourcen effektiver einzusetzen, indem sie erkennen können, welche Maßnahmen den größten gesellschaftlichen Nutzen bringen. Dies erhöht die Effizienz und maximiert langfristig die positive gesellschaftliche Wirkung. Für Social Impact Startups, die auf finanzielle Unterstützung von Risikokapitalgeber*innen oder Förderungsprogrammen angewiesen sind, ist die Auseinandersetzung mit der eigenen Wirkung unverzichtbar geworden: Impact-Investor*innen sowie öffentliche Förderstellen verlangen oft konkrete Nachweise oder zumindest eine Vorausschau über die sozialen Folgen eines Unternehmens als Grundlage für Investitionsentscheidungen.

Eine fortlaufende und langfristige Impact-Bewertung ermöglicht es Startups, aus ihren Erfahrungen zu lernen und ihre Strategien sowie Produkte/Dienstleistungen kontinuierlich zu optimieren. Der Vergleich zwischen den tatsächlichen Auswirkungen und den ursprünglichen Zielen erlaubt wichtige strategische Anpassungen. Zudem sollte die Bedeutung der Impact-Messung im Bereich des Employer Branding nicht unterschätzt werden (Schmidkonz 2021). Die Fähigkeit, den positiven gesellschaftlichen und ökologischen Einfluss zu messen, kann die Bindung und Motivation der Mitarbeiter*innen stärken und sie dazu ermutigen, sich für die gemeinsame Mission des Unternehmens einzusetzen.

3.4.2 Herausforderungen

Die Messung und Bewertung des gesellschaftlichen Mehrwerts bei Startups ist komplex und oft mit verschiedenen Herausforderungen verbunden. Diese können von strukturellen bis hin zu methodischen Aspekten reichen und nicht nur Startups betreffen, die ihre Wirkung messen möchten, sondern auch Impact-Investor*innen und andere beteiligte Gruppen wie Förderungsagenturen, Kund*innen und Liefe-rant*innen (Paefgen-Laß 2023; Wolinda et al. 2023, S. 5 ff.; Spiess-Knafl und Scheck 2017, S. 135 ff.):

Herausforderungen für Startups beinhalten
- **Fehlende Ressourcen:** Oftmals verfügen Startups nur über begrenzte perso-nelle und finanzielle Mittel. Dies erschwert eine umfassende Impact-Messung, vor allem, um im wettbewerbsintensiven Umfeld zu bestehen.
- **Mangel an Daten:** Insbesondere in den Anfangsphasen fehlen oft ausreichende Daten für eine präzise Impact-Messung, was die Erstellung aussagekräftiger Analysen beeinträchtigen kann. Die Datenerhebung und -auswertung (für die Dokumentation) ist zeitaufwendig und erfordert häufig spezielles Fachwissen.
- **Temporärer Fokus:** Die Neigung dazu, sich auf kurzfristige Geschäftsziele zu konzentrieren, kann dazu führen, dass langfristige Impact-Ziele vernachlässigt werden. Bedeutende soziale und/oder ökologische Effekte werden oft erst nach einer gewissen Zeit sichtbar, während Startups in der Regel schnell Erfolge vor-weisen müssen.
- **Methodische Schwierigkeiten:** Die Auswahl geeigneter Methoden oder Mo-delle für die Impact-Messung ist abermals komplex und ressourcenintensiv. Das Festlegen aussagekräftiger, messbarer und realistischer Impact-Indikatoren (Impact-KPIs), insbesondere für qualitative Bereiche wie gesellschaftliche Ver-änderungen oder Umweltauswirkungen, stellt eine weitere Anstrengung dar. Gründer*innen verfügen eventuell nicht immer über das benötigte Fachwissen, das für eine solide Impact-Messung erforderlich ist.
- **Dynamische Geschäftsmodelle:** Veränderungen im Business Model (Pivots) können es erschweren, Konsistenz und Vergleichbarkeit bei der Impact-Messung zu gewährleisten.
- **Kommunikation und Berichterstattung:** Eine klare und überzeugende Darstel-lung der Ergebnisse des gesellschaftlichen Mehrwerts ist entscheidend für den Aufbau von Vertrauen und das Gewinnen externer Unterstützung. Gelingt dies nicht, können dadurch Missverständnisse oder Verwirrung entstehen, die wiede-rum Reputation und Glaubwürdigkeit eines Unternehmens schädigen können.

Startups müssen oft einen Mittelweg zwischen ihren Impact-Zielen und ihrer wirtschaftlichen Tragfähigkeit finden. Dies hat einen maßgeblichen Einfluss darauf, wie Impact-Initiativen sowie deren Messung priorisiert werden. Wichtig ist, dass die Impact-Messung in die alltäglichen Geschäftsprozesse und Unternehmensstrategie integriert wird und nicht isoliert stattfindet.

Herausforderungen für Impact-Investor*innen
- **Fehlende Standardisierung:** Es fehlt an einem einheitlichen Standard für die Messung des Social Impacts, was wiederum den Vergleich zwischen verschiedenen Investments und Investor*innen erschwert. Viele Risikokapitalgeber*innen etablieren daher ihre eigenen Messverfahren und definieren entsprechende Impact-KPIs, die ihnen wichtig sind.
- **Zeitliche Aspekte:** Bis gesellschaftliche Veränderungen gemessen werden können, vergeht in der Regel viel Zeit, was die Beurteilung kurzfristiger Art problematisch machen kann. Es können dadurch Spannungen (zwischen Investor*innen und Startups) bei der vorübergehenden Bewertung und Berichterstattung über den sozialen Impact entstehen.
- **Messung von indirekten Auswirkungen/Kausalitätsnachweis:** Das Quantifizieren von indirekten Effekten und der Nachweis ihrer Ursächlichkeit können schwierig sein. Die Feststellung, dass der gesellschaftliche Mehrwert durch die Investition und nicht auf andere Faktoren zurückzuführen ist, erfordert eine ausführliche Analyse.
- **Ethikfragen:** Die Bewertung des Social Impacts kann ethische Dilemmata aufwerfen, vor allem bei Investitionen in Bereichen mit potenziell negativen Begleiterscheinungen (z. B. erneuerbaren Energien). Daher ist eine ganzheitliche Betrachtung von Impact, inkl. negativer Auswirkungen und Deadweights, nötig.

Impact-Investor*innen sollten sorgsam darüber entscheiden, wie sie den gesellschaftlichen Mehrwert ihrer Investitionen messen und bewerten möchten. Einheitliche (Branchen-)Standards könnten helfen, einige der oben genannten Herausforderungen zu lindern bzw. zu lösen.

Herausforderungen für andere Interessengruppen
Auch externe Stakeholder*innen, wie beispielsweise Förderungsagenturen, Lieferant*innen, Kund*innen, aber auch die breitere Gesellschaft an sich können vor folgenden Herausforderungen stehen:

- **Mangelnde Transparenz:** Die Verständlichkeit, aber auch die Überprüfbarkeit der sozialen Auswirkungen von Startups können ohne klare, standardisierte Metriken sehr limitiert sein.

- **Begrenzte Vergleichbarkeit:** Ein direkter Vergleich des Impacts zwischen verschiedenen Startups bzw. unterschiedlichen Branchen ist oft nur eingeschränkt möglich.
- **Kurzfristige Erwartungen:** Externe Stakeholder*innen (ausgenommen davon sind meist Impact-Investor*innen) wollen oft schnell sichtbare Ergebnisse, was zu Missverständnissen führen kann.
- **Interessenkonflikte:** Die spezifischen Interessen verschiedener Stakeholder*innen können sich beispielsweise von den Zielen der Impact-Investor*innen unterscheiden und Konflikte hervorrufen.

Um diesen Herausforderungen zu begegnen, ist es entscheidend, dass Startups, Investor*innen und andere Beteiligte sich dieser bewusst sind und Strategien entwickeln, um sie zu überwinden. Eine enge Zusammenarbeit aller Stakeholder*innen und die Anwendung fortschrittlicher Analysemethoden können dabei helfen, die Messung des Impacts effektiver und aussagekräftiger zu gestalten.

Literatur

Birkner, Helena. 2022. Ohne Social Impact sind Marken nicht mehr zukunftsfähig. *Horizont*. https://www.horizont.net/marketing/nachrichten/studie-von-share-ohne-social-impact-sind-marken-nicht-mehr-zukunftsfaehig-198056. Zugegriffen am 24.11.2023.

Brettel, Malte, Markus Rudolf, und Peter Witt. 2005. *„Business Angels". Finanzierung von Wachstumsunternehmen: Grundlagen – Finanzierungsquellen -Praxisbeispiele.* Wiesbaden: Gabler.

Dibrova, Alina. 2015. Business angel investments: Risks and opportunities. *Procedia – Social and Behavioral Sciences* 207:280–289. https://doi.org/10.1016/j.sbspro.2015.10.097.

Forti, Matthew. 2012. Six theory of change pitfalls to avoid. *Stanford Social Innovation Review*. https://doi.org/10.48558/9CJH-XR51.

Garzon, Mirjam. 2021. Impact-Messung für bessere Ergebnisse. *Impact Investing-Magazin*. https://www.impactinvestings.de/grundlagen/impact-messung-fuer-bessere-ergebnisse/. Zugegriffen am 14.09.2023.

Gelfand, Sarah. 2012. Why IRIS? *Stanford Social Innovation Review*. https://doi.org/10.48558/7K9B-R854.

GIIN. 2019. IRIS+ AND THE FIVE DIMENSIONS OF IMPACT. Global Impact Investing Network. https://s3.amazonaws.com/giin-web-assets/iris/assets/files/guidance/IRIS-five-dimensions_June-2020. Zugegriffen am 17.08.2023.

———. 2020. Getting started with IRIS. Global Impact Investing Network. https://missioninvestors.org/sites/default/files/resources/Getting%20Started%20with%20IRIS.pdf. Zugegriffen am 24.08.2023.

———. 2023a. IRIS+ System | Standards | IRIS+ System. Global Impact Investing Network. https://iris.thegiin.org/standards/. Zugegriffen am 11.10.2023.

————. 2023b. IRIS Catalog of Metrics | IRIS+ System. Global Impact Investing Network. https://iris.thegiin.org/metrics/. Zugegriffen am 17.08.2023.

————. 2023c. Welcome to IRIS+ System | the generally accepted system for impact investors to measure, manage, and optimize their impact. Global Impact Investing Network. https://iris.thegiin.org/. Zugegriffen am 11.10.2023.

Glänzel, Gunnar, und Thomas Scheuerle. 2016. Social impact investing in Germany: Current impediments from investors' and social entrepreneurs' perspectives. *VOLUNTAS: International Journal of Voluntary and Nonprofit Organizations* 27(4): 1638–1668. https://doi.org/10.1007/s11266-015-9621-z.

Grünhaus, Christian, und Olivia Rauscher. 2021. Impact und Wirkungsanalyse in Nonprofit Organisationen, Unternehmen und Organisationen mit gesellschaftlichem Mehrwert. Wirtschaftsuniversität Wien. https://www.wu.ac.at/fileadmin/wu/d/cc/npocompetence/12_Publikationen_NPO_SE/Gr%C3%BCnhaus_Rauscher_Impact_Wirkungsanalyse_gesellMehrwert_Apr2021.pdf. Zugegriffen am 02.08.2023.

Koslova, Anastasia, Riccarda Joas, und Dr Isabell Welpe. 2023. Start-ups and impact investing. *California Management Review Insights*. https://cmr.berkeley.edu/2023/02/start-ups-and-impact-investing/. Zugegriffen am 11.09.2023.

Kurz, Bettina, und Doreen Kubek. 2021. *Kursbuch Wirkung*, 6. Aufl. Berlin: PHINEO gAG. https://www.bertelsmann-stiftung.de/de/publikationen/publikation/did/kursbuch-wirkung. Zugegriffen am 28.08.2023.

Leitner, Karl-Heinz, Georg Zahradnik, Hannah Wundsam, Johanna Einsiedler, Markus Raunig, Rudolf Dömötör, und Peter Vandor. 2023. Austrian Startup Monitor 2022. Austrian Institute of Technology; Austrian Startups; Wirtschaftsuniverisität Wien. https://publications.ait.ac.at/en/publications/7fa9b6cd-121d-4327-8c94-1fe5daf66150. Zugegriffen am 05.07.2023.

Liu, Manhong Mannie. 2015. *Angels without borders: Trends and policies shaping angel investment worldwide*. Singapore: World Scientific.

Nicholls, Jeremy, Eilis Lawlor, Eva Neitzert, und Tim Goodspeed. 2012. A guide to Social Return on Investment. SROI Network. http://www.socialvaluelab.org.uk/wp-content/uploads/2016/09/SROI-a-guide-to-social-return-on-investment.pdf. Zugegriffen am 26.07.2023.

Pacher, Martin. 2021. Impact-Messung: Diese Herausforderungen müssen Startups meistern. Brutkasten. https://brutkasten.com/artikel/impact-messung-diese-erausforderungen-muessen-startups-meistern. Zugegriffen am 28.08.2023.

Paefgen-Laß, Michaela. 2023. *Impact Start-ups müssen ihre Wirkung sichtbar machen*. Springer Professional. https://www.springerprofessional.de/unternehmensgruendung/corporate-social-responsibility/impact-start-ups-muessen-ihre-wirkung-sichtbar-machen/25552244. Zugegriffen am 18.09.2023.

Rauscher, Olivia, Christian Schober, und Reinhard Millner. 2012. Social Impact Measurement und Social Return on Investment (SROI)-Analyse. NPO-Kompetenzzentrum; Wirtschaftsuniversität Wien. https://www.wu.ac.at/fileadmin/wu/d/cc/npocompetence/working_paper_social_impact_measurement_vs_sroi-analyse.pdf. Zugegriffen am 31.07.2023.

Riess, Birgit. 2010. Corporate Citizenship planen und messen mit der iooi-Methode. *Bertelsmann Stiftung* 1:54. https://www.bertelsmann-stiftung.de/de/publikationen/publikation/did/corporate-citizenship-planen-und-messen-mit-der-iooi-methode. Zugegriffen am 28.08.2023.

Rogers, Patricia. 2014. Theory of change, methodological briefs: Impact evaluation 2. UNICEF Office of Research. https://www.unicef-irc.org/publications/747-theory-of-change-methodological-briefs-impact-evaluation-no-2.html. Zugegriffen am 06.09.2023.

Rolfes, Bernd. 2020. *Definition: Return on Investment (RoI)*. Springer Fachmedien. https://www.gabler-banklexikon.de/definition/return-investment-roi-60969/version-376560. Zugegriffen am 26.07.2023.

Salverda, Menno. 2021. Social return on investment. Better Evaluation. https://www.better-evaluation.org/methods-approaches/approaches/social-return-investment. Zugegriffen am 26.07.2023.

Schmidkonz, Christian. 2021. ‚Higher-Purpose‘ und Erfolg im Beruf. In *Quick Guide Glück im Arbeitsleben: Wie der Arbeitsalltag in Unternehmen gesünder, glücklicher und erfolgreicher gestaltet werden kann*. Heidelberg: Springer. https://doi.org/10.1007/978-3-662-63903-0_3.

Schober, Christian, und Volker Then. 2015. *Praxishandbuch Social Return on Investment: Wirkung sozialer Investitionen messen*. Stuttgart: Schäffer-Poeschel.

So, Ivy, und Alina Staskevicius. 2015. Measuring the ‚Impact‘ in impact investing. *Harvard Business School*. https://www.hbs.edu/socialenterprise/wp-content/uploads/2021/09/MeasuringImpact-1.pdf. Zugegriffen am 17.07.2023.

Sopact. 2023. Theory of change: Actionable framework for social impact. Sopact. https://www.sopact.com/theory-of-change. Zugegriffen am 06.09.2023.

Spiess-Knafl, Wolfgang, und Barbara Scheck. 2017. *Impact investing: Instruments, mechanisms and actors*. Cham: Springer.

Stobierski, Tim. 2020. How to calculate ROI to justify a project. *Harvard Business School Online*. https://online.hbs.edu/blog/post/how-to-calculate-roi-for-a-project. Zugegriffen am 26.07.2023.

UNDP. 2022. SDG Impact. United Nations Development Programme (UNDP). https://sdgimpact.undp.org/private-equity.html. Zugegriffen am 11.10.2023.

Wolinda, Marc, Cornelia Nyssing, und Thomas Steiner. 2023. Wirkungsmanagement in impact-orientierten Start-ups. *Bertelsmann Stiftung*. https://www.bertelsmann-stiftung.de/de/unsere-projekte/gruenden-mit-impact/projektnachrichten/wirkungsmanagement-in-impact-orientierten-start-ups. Zugegriffen am 06.07.2023.

Zhang, Ye. 2021. Impact investing and venture capital industry: Experimental evidence. *SSRN*. https://doi.org/10.2139/ssrn.3959117.

Best Practices und Success Stories

4

Zusammenfassung

Es ist festzuhalten, dass soziale Innovationen nicht isoliert betrachtet werden sollten, sondern als Teil eines integrativen Ansatzes, der sowohl technische als auch soziale Aspekte umfasst. Dies ist besonders relevant für die Bewältigung großer gesellschaftlicher Herausforderungen wie Klimawandel und soziale Ungleichheit. Aus diesem Grund haben sich die Autorinnen entschieden, drei Unternehmen als Best Practices vorzustellen, die sich dieser großen Aufgabe widmen.

4.1 Startup SUPASO

SUPASO, kurz für „Sustainable Packaging Solutions", wurde 2021 von Georg Lackner, Fabian Gems und Mario Maier gegründet. Mit Sitz in Hartberg, Steiermark, entwickelte das Team eine innovative Zellulosedämmstofflösung, die insbesondere für den Versand von temperatursensiblen Produkten wie Lebensmitteln, Babynahrung, Tiernahrung und Arzneimitteln eingesetzt wird. Das Besondere an dieser Lösung ist, dass sie fast gänzlich aus recyceltem Altpapier hergestellt wird und vollständig recycelbar ist. SUPASO hat herkömmliche Styroporverpackungen durch eine umweltfreundliche Alternative ersetzt, die nachhaltig und auch effizient in der Anwendung ist. Durch die Verwendung von recyceltem Material trägt SUPASO aktiv zur Reduzierung von Abfall bei und fördert das Bewusstsein für nachhaltige Verpackungslösungen in der Industrie. Die Kooperation mit lokalen

Betrieben zur Beschaffung von Altpapier unterstreicht das Engagement für regionale Wirtschaftskreisläufe und nachhaltige Ressourcennutzung (Pacher 2023b).

Mittlerweile ist SUPASO in 10 Ländern aktiv, mit einigen hundert Kund*innen. Aufgrund der raschen Skalierung entschied sich das Gründungsteam, einen siebenstelligen Betrag in den Aufbau eines neuen Produktionsstandortes zu investieren. Dies gelang auch durch Unterstützung von öffentlichen Förderungsagenturen, wie beispielsweise der aws und der FFG (Supaso 2024).

Neben der Produktion der Isolierelemente plant SUPASO, eine Machine-as-a-Service-Lösung zu implementieren. Dieses innovative Angebot ermöglicht es anderen Unternehmen, die Maschinen von SUPASO zu leasen, um vor Ort eigene Isolierlösungen zu entwickeln. Dies reduziert nicht nur den Versand und die damit verbundenen Emissionen von Altpapier, sondern fördert auch die lokale Produktion und Anwendung der nachhaltigen Technologie (Pacher 2023b).

SUPASO steht exemplarisch für ein österreichisches Social Impact Startup, das nicht nur wirtschaftlichen Erfolg anstrebt, sondern auch eine klare soziale und ökologische Mission verfolgt. Mit ihrer nachhaltigen Verpackungslösung, die sowohl kosteneffizient als auch umweltfreundlich ist, setzt SUPASO neue Maßstäbe in der Verpackungsindustrie. Ihr Engagement für Nachhaltigkeit und regionale Wertschöpfung macht sie zu einem Vorreiter in einem Markt, der zunehmend das ökologische Bewusstsein von Konsument*innen und Unternehmen anspricht.

4.2 Social Enterprise Vollpension

Das Social Enterprise „Vollpension" in Wien, Österreich, ist bekannt für sein einzigartiges Konzept, das ältere Generationen in den Mittelpunkt seiner Geschäftstätigkeit stellt. Der Hintergrund des Unternehmens liegt in der Idee, älteren Menschen nicht nur eine Beschäftigungsmöglichkeit zu bieten, sondern auch einen Ort, an dem sie ihre Fähigkeiten und ihr Wissen einbringen und weitergeben können. In der Vollpension arbeiten Senior*innen als Bäcker*innen und Kellner*innen, wo sie traditionelle österreichische Kuchen und Gebäck herstellen und verkaufen. Die Geschichte der Vollpension begann 2012 als eine Idee von Mike Lanner und Moriz Piffl, ein Kaffeehaus in Wien zu eröffnen, das die Küchenkünste der Großmütter zelebriert. Ursprünglich als Pop-up gestartet, stieß das Konzept auf große Nachfrage, woraufhin ein Verein gegründet wurde, um das Projekt rechtlich zu verankern. Mit der Zeit wuchs das Projekt und integrierte immer mehr Senior*innen, die ihre Pension aufbessern wollten. Vollpension entwickelte sich zu einem nachhaltigen Gastro-Social-Business, das heute zwei Cafés und eine Backakademie umfasst. Im Laufe der Jahre hat Vollpension durch Innovation, auch in Reaktion auf die COVID-19-Pandemie, sein Angebot erweitert. Die Vollpension wird derzeit von den geschäftsführenden Gesellschafterinnen Hannah Lux und Julia Krenmayr geleitet.

Der soziale Aspekt des Unternehmens wird besonders dadurch deutlich, dass es älteren Menschen hilft, aktiv zu bleiben und sozialen Isolation entgegenzuwirken. Darüber hinaus bietet Vollpension auch Workshops und Veranstaltungen an, die Generationen zusammenbringen und den Austausch zwischen ihnen fördern.

In Bezug auf die Erfüllung der Nachhaltigen Entwicklungsziele (SDGs) der Vereinten Nationen trägt Vollpension insbesondere zu folgenden Zielen bei:

- Ziel 1: Keine Armut – Durch die Schaffung von Arbeitsplätzen für ältere Menschen, die sonst Schwierigkeiten haben könnten, eine Beschäftigung zu finden.
- Ziel 3: Gesundheit und Wohlergehen – Durch die Förderung eines aktiven Lebensstils und sozialer Integration unter älteren Erwachsenen.
- Ziel 8: Menschenwürdige Arbeit und Wirtschaftswachstum – Indem es älteren Menschen ermöglicht wird, durch ihre Arbeit ein Einkommen zu erzielen und wirtschaftlich unabhängig zu bleiben.
- Ziel 10: Weniger Ungleichheiten – Durch die Integration und Wertschätzung älterer Menschen in der Arbeitswelt.
- Ziel 11: Nachhaltige Städte und Gemeinden – Durch die Schaffung eines sozialen Treffpunkts, der Generationen verbindet und die lokale Gemeinschaft stärkt.

Die Finanzierung von Vollpension erfolgt hauptsächlich durch den Verkauf von Backwaren und Getränken, Einnahmen aus Workshops und Veranstaltungen sowie durch Crowdfunding und Unterstützung von Sponsor*innen und Fördernden, die sich für soziale Innovation und generationenübergreifende Projekte einsetzen. Sie wurde teilweise durch Crowdfunding finanziert, wobei über die Plattform CONDA von 70 Investor*innen insgesamt 35.300 € eingesammelt wurden (Vollpension o. J.; Conda Crowdinvesting o. J.).

4.3 Startup Uptraded

Die zunehmende Bedeutung der Kreislaufwirtschaft bringt innovative Geschäftsmodelle hervor, die das Potenzial haben, traditionelle Märkte zu disruptieren. Uptraded, ein Startup aus Wien, hat eine Plattform entwickelt, die den Kauf und Verkauf gebrauchter Waren vereinfacht und damit einen nachhaltigen Konsum fördert. Das Startup Uptraded, welches eine Plattform für den Kleidertausch entwickelt, hat eine erste Finanzierungsrunde erfolgreich abgeschlossen. Dabei sicherte sich das Unternehmen sowohl private Investitionen als auch öffentliche Förderungen. Der Investor Johannes Cech und der pioneer:impact Fund beteiligten sich an der Runde. Zusätzlich erhielt Uptraded eine Seed-Financing-Förderung von der Austria Wirtschaftsservice (aws). Diese Mittel sollen vor allem für technologische Weiterentwicklungen und die Expansion von Partnerschaften verwendet werden (Uptraded o. J.).

Im Jahr 2023 sicherte sich Uptraded eine signifikante Investition, angeführt von Speedinvest, mit einer Beteiligung weiterer ungenannter privater und institutioneller Investor*innen. Die Gesamtinvestition zielt darauf ab, die technologische Infrastruktur zu verbessern und die Marktpenetration in neuen Regionen zu erhöhen. Die Beteiligung von renommierten Investor*innen spiegelt das Vertrauen in das Geschäftsmodell von Uptraded und dessen Nachhaltigkeitsversprechen wider. Die Investition durch Speedinvest könnte Uptraded ermöglichen, seine Marktpräsenz zu erweitern und die Benutzerbasis signifikant zu vergrößern. Dies wirft wichtige Fragen bezüglich der Bewertung von Startups in der Kreislaufwirtschaft auf und wie Investor*innen die Nachhaltigkeit in ihre Risikobewertungsmodelle integrieren.

Uptraded ist ein gutes Beispiel für Social Innovation, da es die Prinzipien der Kreislaufwirtschaft direkt in den Alltag integriert und so zur Nachhaltigkeit beiträgt. Durch die Entwicklung einer digitalen Plattform zum Tausch von Kleidung fördert Uptraded nicht nur den nachhaltigen Konsum durch Wiederverwendung von Ressourcen, sondern schafft auch sozialen Wert, indem es Verbraucher*innen eine zugängliche und praktische Möglichkeit bietet, aktiv am Umweltschutz teilzunehmen. Dieses Modell unterstützt die Reduzierung von Abfall und die Schonung natürlicher Ressourcen, was eine zentrale Bedeutung für soziale Innovationen darstellt (Pacher 2023a; Austria Wirtschaftsservice GmbH 2021).

Literatur

Austria Wirtschaftsservice GmbH. aws First Pitch Night 2021: Team von uptraded holt sich den Gründungszuschuss. 2021. https://www.ots.at/presseaussendung/OTS_20211206_OTS0019/aws-first-pitch-night-2021-team-von-uptraded-holt-sich-den-gruendungszuschuss. Zugegriffen am 28.04.2024.
Conda Crowdinvesting. o.J. https://www.conda.at/startup/vollpension-generationencafe/. Zugegriffen am 28.04.2024.
Pacher, Martin. 2023a. https://brutkasten.com/artikel/uptraded-investment. Zugegriffen am 28.04.2024.

————. 2023b. Supaso-Gründer: ,Zwei Jahre nach Marktstart bereits 190 Kunden in neun Ländern'. *brutkasten*, 22. August 2023. https://brutkasten.com/artikel/supaso-internationalisierung. Zugegriffen am 29.04.2024.

Supaso. 2024. https://www.supaso.eu/impact. Zugegriffen am 29.04.2024.

Uptraded. o.J. https://www.uptraded.com/ueber-uns. Zugegriffen am 28.04.2024.

Vollpension. o.J. https://www.vollpension.wien/geschichte/. Zugegriffen am 28.04.2024.